ジュニア楽典

山下薫子

音楽之友社

装画・本文イラスト／安佐 薫
ブックデザイン／渡辺美知子

はじめに

　楽典とは、音楽を理解するために必要な基礎的知識をまとめたものです。この本では、初めて楽典にふれる皆さんにも、実感をもって理解していただけるよう、内容を精選するとともに、例題を設けるなどの工夫をしました。

　音楽の様式については、西洋音楽を中心に構成していますが、必要に応じて、日本や諸外国、諸地域の音楽、ポピュラー音楽などにも言及しています。

　楽譜を読むときに大切なことは、書かれている音を心の中で思い浮かべることです。心の中で響く音と実際に鳴り響く音とを結びつけるために、楽譜が存在すると言っても過言ではありません。楽典は、その楽譜を読む助けをするものなのです。

　そこで、この本では、最初に皆さんがよく知っている《ふるさと》の楽譜を掲載しました。まずは、この《ふるさと》を心の中で歌いながら、楽譜を読んでみてください。絵のように眺めてみても結構です。そうする中で、きっと楽譜の用語や記号について「知りたい！」と思うことが出てくるでしょう。そうしたら、その用語や記号の解説ページに飛んで、楽典の学習を始めてみましょう。

はじめに　3

　　《ふるさと》　4

1. 音楽の素材——音のいろいろ——

音ってなぁに？……………………………………………………… 10
　　(1) 音色………………………………………………………… 10
　　(2) 音の強さ…………………………………………………… 14
　　(3) 音の高さ…………………………………………………… 15

音の高さの書き方………………………………………………… 17
　　(1) 五線と加線………………………………………………… 17
　　(2) 音部記号と譜表…………………………………………… 17
　　　　【コラム　文字と記号だけの楽譜から五線記譜法へ】……… 21

音名　その1……………………………………………………… 23
　　チャレンジ！　音の高さと楽器の長さとの関係を調べよう……… 24

2. 音楽の生命——リズム——

リズムってなぁに？……………………………………………… 28
　　(1) リズムは音の動き………………………………………… 28
　　(2) 拍と拍子…………………………………………………… 29

音符と休符………………………………………………………… 31

拍子………………………………………………………………… 34
　　(1) 拍子の種類………………………………………………… 34
　　(2) 拍子記号…………………………………………………… 36
　　　　【コラム　テンポ（速度）の話】…………………………… 39

リズム・パターン………………………………………………… 40
　　(1) 拍を分割する……………………………………………… 40
　　(2) 音をつなぐ………………………………………………… 41
　　(3) 音符を組み合わせる……………………………………… 42

5

（4）シンコペーション………………………………………………………………… 43

（5）弱起……………………………………………………………………………… 45

　　チャレンジ！　指揮者になろう…………………………………………………… 46

3. 音の組織——音程と音階——

音程ってなぁに？……………………………………………………………………… 50

（1）半音と全音…………………………………………………………………… 50

（2）度数…………………………………………………………………………… 52

（3）度数の前に付ける語………………………………………………………… 53

（4）様々な音程…………………………………………………………………… 55

　　【コラム　倍音と協和音程、不協和音程】…………………………………… 60

音名　その2 ………………………………………………………………………… 62

（1）変化記号と本位記号………………………………………………………… 62

（2）使い方………………………………………………………………………… 63

（3）異名同音……………………………………………………………………… 65

調性 …………………………………………………………………………………… 66

音階…………………………………………………………………………………… 68

（1）長音階………………………………………………………………………… 69

（2）短音階………………………………………………………………………… 71

　　【コラム　様々な音階】………………………………………………………… 74

五度圏……………………………………………………………………………… 79

　　チャレンジ！　五度圏めぐりをしよう…………………………………………… 79

　　【コラム　階名唱法と数字譜】………………………………………………… 85

近親調（関係調）………………………………………………………………… 86

（1）関係の近い調と遠い調……………………………………………………… 86

（2）近親調の種類………………………………………………………………… 86

（3）移調と転調…………………………………………………………………… 88

　　【コラム　移調楽器】…………………………………………………………… 90

　　チャレンジ！　移調しよう ……………………………………………………… 92

4. 音楽の引力 ——和音とコードネーム——

和音ってなぁに？ ……………………………………………………… 96

和音の種類 ……………………………………………………………… 97

   (1) 三和音 ……………………………………………………………… 97

   (2) 七の和音（四和音） ……………………………………………… 99

   (3) 九の和音（五和音）、十一の和音、十三の和音 ……………… 102

和音の機能 ……………………………………………………………… 104

   (1) 和音記号 …………………………………………………………… 104

   (2) 主要三和音 ………………………………………………………… 106

   (3) 和音の性格と働き ………………………………………………… 107

   (4) 和音の連結 ………………………………………………………… 108

   (5) 終止（形） ………………………………………………………… 111

   (6) その他の和音 ……………………………………………………… 113

      チャレンジ！《星の世界》の和音を分析しよう …………… 118

コードネーム …………………………………………………………… 120

      【コラム　中世の和音】 …………………………………………… 125

5. 音楽のかたち ——形式、テクスチュア、構成原理——

形式ってなぁに？ ……………………………………………………… 128

音楽の形式 ……………………………………………………………… 129

   (1) リート形式 ………………………………………………………… 129

   (2) 複合三部形式 ……………………………………………………… 133

   (3) ロンド形式 ………………………………………………………… 134

   (4) ソナタ形式 ………………………………………………………… 135

   (5) 変奏形式 …………………………………………………………… 137

テクスチュア …………………………………………………………… 138

   (1) モノフォニックなテクスチュア ………………………………… 138

   (2) ヘテロフォニックなテクスチュア ……………………………… 138

   (3) ポリフォニックなテクスチュア ………………………………… 139

（4）ホモフォニックなテクスチュア……………………………………………… 143

構成の原理……………………………………………………………………… 144

（1）反復……………………………………………………………………… 144

（2）呼応、掛け合い………………………………………………………… 145

（3）変化、対照……………………………………………………………… 146

（4）序破急…………………………………………………………………… 147

チャレンジ！　音楽を分析しよう……………………………………… 148

6. 音楽の表情——用語と記号——

音符を補う用語や記号………………………………………………………… 152

速さとその変化………………………………………………………………… 153

（1）一定の速さを示す用語と記号………………………………………… 153

（2）速さの変化を示す用語、速さと強さの変化を示す用語など… 155

強弱とその変化………………………………………………………………… 159

音の強さを示す用語と記号………………………………………………… 159

イメージ………………………………………………………………………… 162

発想を示す用語……………………………………………………………… 162

奏法上の用語と記号…………………………………………………………… 165

（1）アーティキュレーションなど………………………………………… 165

（2）反復記号………………………………………………………………… 168

チャレンジ！　反復記号をマスターしよう………………………… 171

（3）装飾音…………………………………………………………………… 172

（4）奏法……………………………………………………………………… 175

（5）省略法、その他………………………………………………………… 180

音楽史年表　184

西洋音楽の歴史……………………………………………………………… 188

主要な楽譜と図表の索引　198　　　おわりに　199

8

1. 音楽の素材

> 音のいろいろ

音ってなぁに？

音楽の素材である音には、3つの要素があると言われています。音色、　音の強さ、音の高さの3つです。

（1）音色

音同士を比べたとき、強さと高さが同じでも、異なって聞こえる音がたくさんあります。そういう現象を音色が違うと言います。音色は、おもに楽器の種類や音の出し方によって変わります。

音楽で使われる音を、音の出るしくみ・楽器の材質・音の出し方によって分類してみましょう。音色の違いはこれらが組み合わさって生まれます。

①音の出るしくみによる分類

音は、空気がふるえることによって起こります。また、楽器のふるえが空気に伝わり、空気もふるえることによって音が出ます。

では、ふるえ（振動）がどこで起こるかによって楽器を分類してみましょう。

●**本体が振動する楽器**（体鳴楽器）…カスタネット、トライアングル、ギロ、マラカス、オルゴールなど

●**膜が振動する楽器**（膜鳴楽器）…太鼓、カズーなど

●弦が振動する楽器（弦鳴楽器）…ピアノ、ヴァイオリン、箏など
●空気そのものの振動で音が出る楽器（気鳴楽器）…オルガン、リコーダー、オカリナなど
●電子回路が音波を作り出す楽器（電子楽器）…テルミン、シンセサイザーなど
●その他…人の声、ボディ・パーカッションなど

②楽器の材質による分類

　カスタネットとトライアングルの音色を思い浮かべてみてください。どちらも楽器本体が振動している体鳴楽器ですが、その素材によって、音色が大きく異なります。

楽器に使われる素材には、次のようなものがあります。

・金属　　・糸（弦）　　・土　　・皮（革）　　・木、竹など

①に示した楽器が、それぞれ何の材質でできているか考えてみてください。カスタネットとトライアングルは何でできていますか。

素材の似通った楽器を集めて演奏すると音色にまとまりが出ますし、異なったもので演奏すると変化が出ます。ブラスバンドとオーケストラの音色の違いを想像してみましょう。

③音の出し方による分類

ピアノとヴァイオリン、箏の音色を思い浮かべてみてください。いずれも弦が振動する弦鳴楽器ですが、音の出し方によって印象が異なります。

・ピアノはハンマーで弦を打つ

・箏は指にはめた爪で弦をはじく

・ヴァイオリンは弓で弦を擦る

身近な楽器でも、音の出し方を工夫することで意外な音が出るかもしれません。新しい音を見つけてみましょう。ただし、リコーダーを打ちつけ合って、打楽器のように扱ったりしてはいけませんよ。

ちなみに、音色は波形によって表すことができます。楽器の出す音は、倍音（→ p.16、60）と呼ばれるかすかな高音の響きが、それぞれに異なった形で関わり合っているため、様々な波形を示します。図は、純音（倍音を含まない音、調律などに使われる音叉の音に近

い）と人の声、ヴァイオリン、フルートの波形を示しています。線がギザギザなほど、倍音が複雑に含まれていることを意味します。

1 音楽の素材

音色と波形の比較

純音

人の声
母音「ア」

ヴァイオリン

フルート

（2）音の強さ

　音の強さは、空気が振動するときの圧力、つまり空気が圧縮されたり膨張したりする変化の差によって決まります。変化を繰り返すこの圧力を音圧と言います。

　図を見てください。(A) と (B) の波形を比べると、(A) の方が、振幅が大きくなっています。このことから、(A) の方が、音が強いということになります。

　また、楽器によっては、音を出しながら音量を変えられるものと変えられないものがあります。例えば、弦を擦って音を出すヴァイオリンは、1つの音を徐々に強くしたり弱くしたりすることができますが、弦をハンマーで打って音を出すピアノは、1つの音の中で強くしたり弱くしたりすることができません。

　なお、音の強さを音の大きさと言うことがありますが、この2つは、厳密に言うと、同じ意味ではありません。音の強さが、音圧によるのに対して、音の大きさは、私たちの耳が感じ取る量のことだ

音の強さの比較

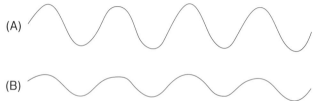

からです。音の大きさは、音の強さだけでなく、音域とも関わって、大きく聞こえたり小さく聞こえたりします。

（3）音の高さ

　音の高さは、音波の振動数によって決まります。振動数、すなわち振動回数が多い方を「高い音」、反対に振動数が少ない方を「低い音」と言います。高い、低いで音の強弱を言い表そうとする人もいますが、正確な言い方ではありません。

　図を見てください。(A) と (B) の波形を比べると、(A) の方が、振動の周期が短くなっています。このことから、(A) の方が、振動数が多く、音が高いということになります。

　音波が1秒間に振動する回数を周波数と言います。ちなみに、人間に聞こえる周波数は 20 ～ 20,000Hz と言われています。

　絶対的な音の高さが世界的に統一されたのは、1939年にロンドンで開催された国際会議でした。A4（1点イ）音（ピアノの中央ドの上のラ）を 440Hz にすると決めたのです。それまでは、同じ

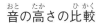
音の高さの比較

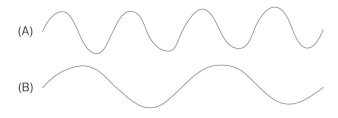

音名であっても、国や地域によってまちまちの高さでした。これは、それぞれの国や地域に残されている音叉(特定の高さの音を発する金属製の器具)の音の高さが異なっていることから分かるそうです。

実際には1つに聞こえる音も様々な周波数の音が複雑に関わり合ってできています。そのうち、最も低い周波数の音を**基音**、それ以外の音を**部分音**、部分音の中でも特に周波数が基音の整数倍の音を**倍音**(→ p.60)と言います。倍音がどのように構成されているかによって、音色が決まるとされています。また、ほとんどの打楽器がそうであるように、倍音以外の部分音を多くもつと音の高さを感じなくなります。

尺八のムラ息(吹くときにわざと息の音を大きく出す技法)や、三味線のサワリ(弦の1つが棹の上部の山形の部分に触れて複雑に振動するようにした工夫)のように、わざとノイズのような音を発して、独特の味わいを出す楽器もあります。

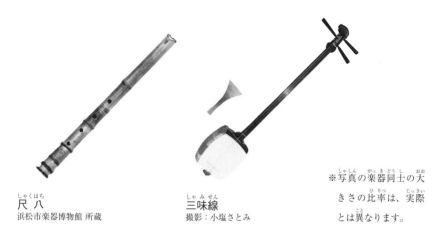

尺八
浜松市楽器博物館 所蔵

三味線
撮影:小塩さとみ

※写真の楽器同士の大きさの比率は、実際とは異なります。

音の高さの書き方

（1）五線と加線

　p. 4の《ふるさと》の楽譜を見てください。1つのパートに　横線は何本引かれているでしょうか。

　答えは、5本ですね。5本の横線に音符を書き込む楽譜を五線譜と言います。現在ではこの記譜法が一般的に使われていますが、実はこの書き方が定着してから、まだ400年ほどしかたっていません。この五線譜の書き方（五線記譜法）は、音の高さと長さを正確に書くことを得意とする記譜法です。

　音符は、たま（符頭）を線と線の間、あるいは線をまたぐように置いていきます。場所は、下から順に、「第1間、第2間…」、「第1線、第2線…」と呼びます。五線に入りきらない高さの音は、加線を引いて示します（→ p.18）。

（2）音部記号と譜表

　横線にたまを置いただけでは、基準となる音の高さが分かりませんね。そこで、最初に音部記号（五線上の各音の高さを決める記号）を付けて、音の高さを示します。

五線と加線の読み方

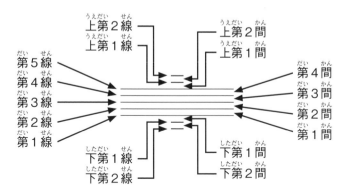

①ト音記号

　今、私たちがよく目にする音部記号は、まず「ト音記号 𝄞 」でしょう。ト音記号は、比較的高い音域を表すときに使用するので、高音部記号とも言います。

　次のページに、いろいろな作曲家のト音記号を載せました。ト音記号は、アルファベットの"G"をデザイン化したものです。

　ト音記号がくるっと巻いている第2線がG（→ p.24）の音の高さを示しています。ドイツやアメリカでGに当たるのが、日本では「ト」の音なので、「ト音記号」と言うわけです。

　書き順には、いろいろあるようですが、第2線の渦巻きから書き始めると、大事なトの音がずれなくてよいですね。

いろいろな作曲家のト音記号

② ヘ音記号

　もう1つよく使われる音部記号に「ヘ音記号 𝄢 」があります。ヘ音記号は、比較的低い音域を表すときに使用するので、低音部記号とも言います。ヘ音記号の元になったアルファベットは"F"です。よく、ヘ音記号の右側の点々を書き忘れる人がいますが、この点々ではさまれた線（第4線）がFすなわち「ヘ」の音の高さを示すので、書き忘れないように注意してくださいね。

③ 大譜表

　ト音記号で示された五線譜を高音部譜表（ト音譜表）、ヘ音記号で示された五線譜を低音部譜表（ヘ音譜表）と言います。そしてこの二つを上下に組み合わせて中かっこでくくったものを大譜表と呼び、ピアノやハープなど、広範囲の高さの音を奏でる楽器などで使用します。

　ちなみに、p.4に掲載した《ふるさと》の楽譜は、高音部譜表と

低音部譜表とが大かっこでくくられていますが、これは複数の声部(パート)の総譜(スコア)と見るべきもので、大譜表とは呼びません。

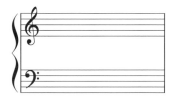

④ハ音記号

また、ト音記号とヘ音記号のほかにも、音部記号があります。「ハ音記号 」です。これは、中音域の音を表すときに使用され、デザイン化された"C"の中央が「ハ」の音の高さを示しています。この音部記号は、五線上のどの位置にも置くことができます。また、置かれる位置によって別の呼び方もされます。ただし、現在用いられるのは、第3線に中心を置くアルト記号と第4線に中心を置くテノール記号くらいです。

音部記号のいろいろ

下の o は、すべてピアノのハ(中央ド)の位置を示しています。

コラム

文字と記号だけの楽譜から五線記譜法へ

　中世の時代、グレゴリオ聖歌の楽譜には横線が引かれておらず、文字と記号だけからなっていました。次に示すのは、文字と記号だけからなるネウマ譜の一例です。ネウマとは記譜に用いられた記号のことです。どの高さで歌うのかは、はっきりと示されていません。

聖歌《主の昇天の日に》（11世紀前半、ローマ、アンジェリカ図書館）

10世紀頃、基準となる音の高さを示すため、1本の横線が引かれたと言います。このあと、横線が徐々に増えていき、12世紀には4本の横線が用いられるようになりました。また、その後、リュートなどの器楽曲には、弦の数だけ線が引かれ、六線譜や十線譜の奏法譜（タブラチュア）などもつくられました。タブラチュアとはもともと、表あるいは図を意味する言葉でした。音楽の種類や曲ごとに、様々な記譜法が存在していたというわけです。

　そして、17世紀に入り、すべての曲に共通する記譜法として五線譜が時間をかけて体系化されて、現在に至っているのです。西洋音楽が世界に広まったのは、この記譜法の体系化が1つの要因になっていると言われています。

音名 その1

1 音楽の素材

音名というのは、音の絶対的な高さに付けられた名前のことです。これに対して、音の相対的な高さを表す階名というものもありますが、階名については、音階のところで説明します（→ p.85）。

私たちがよく使う「ドレミファソラシ」は、日本では、西洋音楽が入ってきて以来、階名として使われてきました。しかし、現在では音名として使われることも多くなっています。イタリアでも以前から、「ドレミファソラシ」を音名に使っています。その他の国にも、それぞれに音の呼び方があります。

「ドレミファソラシ」の元は、今から千年くらい前の11世紀、イタリアで生まれました。カトリック教会の修道士であったグイード・ダレッツォが書いた若い歌手のための指導書によって広く知られるようになり、それぞれの音をドレミで歌う学習法が普及しました。グイードは《聖ヨハネ賛歌》という歌の第1節から第6節の最初の音が、順番に高くなっているのに着目し、その最初の文字をつなげて、第1音から第6音までを「ウト（ユト）－レ－ミ－ファ－ソル－ラ」と名付けたという話が伝えられています。その後、第7音を「シ」と名付けたり、歌いやすいようにウトをドに置き換えたりして、今の「ドレミファソラシ」が完成したのです。ちなみに、フランスでは今でもドの代わりにユト（ウト）も使われています（楽譜参照）。

日本語の音名は、本来「ハニホヘトイロ」ですが、前に述べたように最近では、イタリア語の「ドレミファソラシ」を音名として使用する機会が増えています。「ハニホヘトイロ」は、主としてト音記号やヘ音記号などの音部記号や、ハ長調やイ短調などの音階の調（→ p.79）を示すときに使われています。

音名　その1（幹音*）

*ピアノの白鍵の音に当たります。

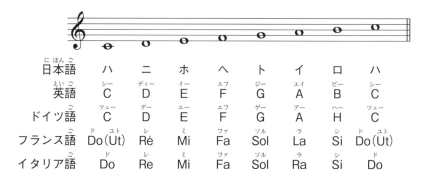

チャレンジ！　音の高さと楽器の長さとの関係を調べよう

　音の高さが、周波数によって変わるということを勉強しましたね。では、音楽室や身のまわりにある様々な楽器を調べて、このことを確認してみましょう。

●グランドピアノ

　鍵盤に向かって、右側が高い音、左側が低い音になっています。弦の長さは、右と左のどちらが長くなっていますか。

●木琴と鉄琴

　ピアノと同じく、右側が高い音、左側が低い音です。音板の長さは、右と左のどちらが長いでしょうか。

●グラス・ハープ

　グラス・ハープは、水を入れたグラスの縁を水でぬらした指で擦って音を出す楽器です。水の量を加減して、高い音と低い音のグラスをつくってみましょう。2つのグラスを比べて、どちらの方が水の量が多くなっているでしょうか。

1 音楽の素材

●リコーダー

　リコーダーには、ソプラノ、アルト、テナー、バスなど、様々な
種類があります。それぞれの音域と楽器の長さとの関係を、調べて
みましょう。

2. 音楽の生命

リズム

リズムってなぁに？

（1）リズムは音の動き

　自然のリズム、生活のリズムなど、リズムという言葉はいろいろな場面で使われています。音楽においては、まず音符と休符（→p.31）の組み合わせで表される、リズム・パターン（一定のリズムに基づくリズムの型）を指してよく用いられます。

　また、音楽を聴きながら思わず体が動き出すこともあるでしょう。よく、音楽とダンスは兄弟のような関係にあると言われますよね。それは、音楽を聴くと、私たちの体が、音楽のノリと共振するからです。音楽は、楽譜だけ見ていると、何となく直線的に進んでいるように感じられるかもしれませんが、実際には曲線や円などを描きながら、空間の中を自由に動いているのですね。

　オーケストラの映像を、音を消して見てみてください。高く振り上げられたティンパニのマレット（先端に玉をつけたばち）、柔らかく弦をなでるように動くヴァイオリンの弓、そして何より、踊るような指揮者の全身の動きは、空間に音楽のリズムを描き出しています。じっとして音楽鑑賞をしているときでさえも、音楽のゆれに応じて、私たちの内面は躍動します。リズムという言葉は、広い意味では、この「時間の中で体験される運動の秩序」を意味します。

28

世界を見渡しても、リズムのない音楽はないと言われています。それくらい、音楽にとってリズムは欠くことのできない要素なのです。

（2）拍と拍子

リズムの視点から世界の様々な音楽を見渡すと、音楽に合わせて体を動かしたり手をたたいたりすることができるものと、しづらいものに大きく分けられます。このうち、前者の音楽には「拍」があると言います。

「拍」とは、ほぼ一定の間隔で刻まれるものです。規則的に打たれる心臓の鼓動は、「心拍」と呼ばれますよね。音楽の拍も同様に、多少の伸び縮みはあっても、予測可能な範囲で刻まれていきます。

では、呼吸はどうでしょう。呼吸は息を吸うことと吐くことが組みになっています。吸うときには体が緊張するのを、吐くときには体が緩むのを感じることができます。このように拍の中に一定の周期で力点や重心を感じるとき、そこには「拍子」があると言います。

ところで、ギネスブックに認定された音楽に関する世界一の一覧を見てみると、1,000人以上の人がアンサンブルを行ったという例が複数挙がっています。こんなにも多くの人がなぜ1つの音楽を奏でられるのかと言えば、その音楽に拍や拍子があるからなのですね。この拍や拍子によって、複数の人間が呼吸を合わせてタイミングをとることが可能になるわけです。

なお、拍はあっても、拍の中に一定の周期で力点や重心を感じさせない音楽の例としては、グレゴリオ聖歌や日本のあそび歌（《おせんべやけたかな》など）があります。

複数の拍のまとまりのことを小節と言い、楽譜では縦線で区切ります。曲の段落や拍子の変化を示す箇所には複縦線を引きます。曲の終わりは終止線で示します。

小節と縦線

音符と休符

音楽において、1つ1つの音は絶対的な長さをもっているわけではありません。速度によって、あるいは音楽の中の役割によっても異なります。また、前にも説明したとおり音楽は自由に動き回って進んでいきますので、動きの性質とも関わって、1音の長さは伸びたり縮んだりします。したがって、音の長さを書くというのは、本来とても難しい作業なのです。

しかし、拍や拍子のある音楽では、1つの拍を基準として、これを分割したり、掛け合わせたりすることで、音や沈黙の長さをある程度、正確に示すことができるようになっています。

例えば、音の長さは、音符の色（白か黒か）と形で表します。「全音符 o」が1の長さを示す音符だとして、その半分の長さを示すのが「二分音符 𝅗𝅥」、その半分が「四分音符 ♩」、そのまた半分が「八分音符 ♪」という具合に、分割の数字が倍になるごとに、音の長さが半分になっていきます。例えば、四分音符は大人が歩く感じだとすると、八分音符はその半分の歩幅で子どもが歩く感じ、「十六分音符 ♬」はそのまた半分の歩幅で幼児が小走りする感じです。

沈黙、つまり音が鳴っていない状態の長さは、休符の形で表します。「全休符 ▬」が1の長さを示す休符だとすると、その半分の長

さを示すのが「二分休符𝄼」、その半分が「四分休符𝄽」、そのまた半分が「八分休符𝄾」という具合です。基本的には、音符の長さと対応関係にありますが、全休符だけは、全音符と異なり、何拍子の音楽であっても、1小節全体が休みであるときに使用できます。

　休符の間、音は鳴っていませんが、音楽が止まっているわけではなく、心の中で振動を続けています。そのため、休符の存在が、音楽の様々な場面で、緊張感や期待の高まりなど、効果的な表現を引き出しています（例えば、ベートーヴェン作曲、交響曲第5番《運命》第1楽章冒頭など）。

　なお、リズムに関する日本の伝統音楽の言葉に「間」があります。これは、拍から拍までの間の時間のことで、音が鳴っている部分だけでなく、休みの部分にも使われます。また、強弱を伴わない2拍子の第1拍を「表間」、第2拍を「裏間」と言うなど、様々な意味合いで用いられます。

音符の部分の呼び方

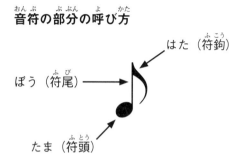

音符と休符

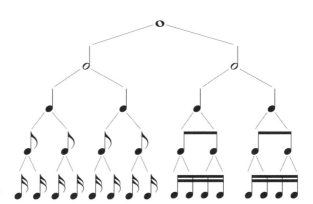

拍子

（1）拍子の種類

　拍子には、一定の周期で力点や重心がくるという話をしましたね。そのとき、力点や重心を感じる拍を強拍、それ以外を弱拍と呼びます。そして、2回に1度の割合で強拍が現れるならば、それは2拍子と言い、3回に1度ならば3拍子と言います。強拍は、通常1拍目にきます。

　拍子には、大きく分けて、単純拍子、複合拍子、混合拍子の3種類があります。

①単純拍子

　基本的な拍子には、2拍で1つのまとまりを感じる2拍子（●˙）と、3拍で1つのまとまりを感じる3拍子（●˙˙）があります。マーチは2拍子の音楽、メヌエットやワルツは3拍子の音楽です。音楽を聴きながら歩いたり体を揺らしたりして、雰囲気の違いを感じ取ってみましょう。

　この2拍子と3拍子、そして2拍子が2つ組み合わされた4拍子（●˙●˙）を単純拍子と言います。

②複合拍子

　単純拍子の1拍が3つの小さな単位へと分割されたものを複合拍子と言います。この場合、もともとが2拍子であれば、3つの小単位が2つあるので6拍子（●••●••）、もともとが3拍子ならば、9拍子（●••●••●••）、もともとが4拍子ならば、12拍子（●••●••●••●••）という言い方になります。それぞれは、小さな3拍子が2つ、3つ、4つ集まった6、9、12拍子とも言えます。

③混合拍子

　異なる単純拍子が2つか3つ組み合わされた拍子に、混合拍子というものがあります。単純拍子や複合拍子が、一定の周期を保って進んでいくのに対して、混合拍子は小節の途中で拍子が変わることになるので、緊張感に満ちた感じがします。2拍子と3拍子を組み合わせた5拍子や、2拍子と3拍子と2拍子を組み合わせた7拍子などがあります。同じ拍子が続いたあとに、別の拍子がくる場合、例えば3拍子2つと2拍子を組み合わせた8拍子なども、混合拍子の一例と考えられます。

　なお、ムソルグスキー作曲《展覧会の絵》の〈プロムナード〉は5拍子（混合拍子）と6拍子（複合拍子）が代わりばんこに登場します。拍子がある音楽でありながら、不安定な感じがしますよね。このように頻繁に交代する拍子を変拍子と呼ぶことがあります。

《展覧会の絵》(ムソルグスキー作曲) より〈プロムナード〉冒頭

（2）拍子記号

　曲の拍子を表すものが、拍子記号です。この記号は、五線譜の1段目にだけ書き、途中で拍子が変わらない限り、2段目以降には書きません。

　p.4の《ふるさと》の楽譜にも、最初の段に $\frac{3}{4}$ と書かれていますね。これは、「しぶんのさんびょうし」と読みます。一見、分数のようですが、実際の分数とは意味が異なるので、これで足し算や引き算などをすることはできません。分母の数字が、基本的なゆれを形づくる音符の単位を示しており、分子の数字は、1小節にその基本となる音符がいくつ入るかを示しています。例えば、 $\frac{3}{4}$ ならば、1小

節に四分音符が3つ入ることを意味します。

　このように考えると、分母の方には、2、4、8、16…のように、2の何乗か（累乗）の数字が入ることが分かりますね。すなわち、二分音符、四分音符、八分音符、十六分音符…ということです。その反対に、分子の方には、音楽によっては、何の数字でも入りうるわけです。間違って、分母と分子を逆に書いたりすると、意味が分からなくなってしまうので、注意しましょう。

　さて、$\frac{6}{8}$は、1小節に何音符がいくつ入ると説明すればよいでしょうか。これまでの説明を応用すれば、八分音符が6つ入るということになりますね。これでも間違いではないのですが、$\frac{6}{8}$は6拍

子、つまり2拍がそれぞれ3分割された複合拍子です。したがって、八分音符×3＝付点四分音符が1拍で、1小節にこれが2つ入るということになります（♪♪♪♪♪♪ = ♩. ♩.）。くれぐれも、約分して $\frac{3}{4}$ にしてはいけませんよ。曲の雰囲気がガラッと変わってしまいますから。

実験　$\frac{6}{8}$ と $\frac{3}{4}$ の違い

《思い出のアルバム》（増子とし作詞、本多鉄麿作曲）を歌いながら、矢印のところで手拍子したり体を揺らしたりしてみましょう。

$\frac{6}{8}$ （◎）　　いーつのーことーだかーー
　　　　　　　↑　　　↑　　　↑　　　↑

$\frac{3}{4}$ （×）　　いーつのーことーだかーー
　　　　　　　↑　↑　↑　↑　↑　↑

ⓒ 1961 TV ASAHI MUSIC CO., LTD.

ゆれが変わっただけで、なんだか違う曲のようになってしまいましたね。

このように、拍子記号は少し複雑です。そこで（かつてジャック＝ダルクローズという人が提唱したように）、分母に音符を書き込むようにすると分かりやすいですね。

$\frac{2}{4}$ ＝ $\frac{2}{♩}$、　$\frac{3}{4}$ ＝ $\frac{3}{♩}$、　$\frac{6}{8}$ ＝ $\frac{2}{♩.}$

コラム

テンポ（速度）の話

　リズムと深く関わって、音楽の性格に大きな影響を与えるものに、テンポがあります。テンポは、拍のある音楽が進んでいくときの速さのことです。

　作曲家が演奏家でもあった時代や、テンポが曲の途中で変化しなかった時代には、テンポを楽譜に厳密に示す必要はなかったかもしれません。

　しかし、時代は下り、「ゆるやかに」や「ゆっくり歩くような速さで」などの言葉では、想定したテンポが演奏家に正確に伝わらず、困っていた作曲家がいました。ベートーヴェンはその一人で、メトロノーム（音楽の速さを示すための器械）が製品化されたときには、飛びついたと言います。

　現代のポピュラー音楽において、新曲がヒットするかどうかは、「ビート・パー・ミニット（BPM）」つまり1分間あたりの拍の数を、どのくらいに設定するかにかかっていると言われるくらい、テンポが重要と考えられているそうです。

　流行した曲のテンポを調べてみると、時代ごとの特徴や変化が見えてくるかもしれませんね。

メトロノーム
写真提供：ヤマハ株式会社

リズム・パターン

1つの拍を分割したり、分割した音符を組み合わせたりして、リズム・パターンという、一定のリズムに基づくリズムの型をつくることができます。

（1）拍を分割する

まず、1つの拍を様々な数に分割してみましょう。ここでは、四分音符と付点四分音符をそれぞれ1拍として分割してみます（一例）。付点四分音符は、四分音符にその半分の長さが加わっています。つまり八分音符3つ分の長さになります。付点については、「付点の考え方」（→ p.42）の説明もあわせて読んでください。

元の拍	2分割	3分割	4分割	5分割	6分割	7分割

割り切れないときは、音符に数字を付けて、何連符なのかを示します。例えば、3 は、3連符（本来、2等分される音符を3等分したもの）であることを意味します。例をよく見てみましょう。

付点音符の場合、2分割するときは付点をとった音符を用いま

す。付点四分音符なら、四分音符が使われます。4分割と5分割するときは3分割するときと同じ音符を、7分割するときは6分割するときと同じ音符を用います。

5連符や7連符などは、一見難しそうに感じますが、5文字や7文字などの言葉を当てはめると簡単に読めますよ。

（2）音をつなぐ

先ほど分割した音符を、タイ（→ p.166）や付点を使ってつないだり、休符をはさんだりして、様々な言葉のリズムを音符で示してみましょう。

・クッキー

クッ　キー

・チョコレート

チョ　コ　レー　ト

・シュークリーム

シュー　ク　リー　ム

・ナイチンゲール

ナ　イ　チ　ン　ゲー　ル

付点の考え方

・付点1つ→元の音符に、その半分の長さを加える。

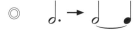

・付点2つ→元の音符に、その半分の長さと、またその半分の長さを加える。

（3）音符を組み合わせる

　では、p.4に掲載した《ふるさと》の楽譜の中に、これまでに勉強した音符や休符がどのように組み合わさって用いられているか、調べてみましょう。$\frac{3}{4}$ 拍子の曲なので、3拍を1つのリズム・パターンとして考えると、何種類のリズム・パターンが使われていますか。
　使われているリズム・パターンの種類が分かったら、次に、《ふるさと》のリズムを手で打ってみましょう。そのとき、顔の前に円を描くように、弾むように打つとよいでしょう。何回か繰り返して慣れてきたら、音の長さと円の大きさとが比例するように打ってみてください。

　リズムを書くときにも、音符や休符の長さとそれぞれの間隔が比例するように書けると、分かりやすいですね。

（4）シンコペーション

　飛び石を渡っているところを想像してみてください。左から右へ、ケンパの形に置かれた石の中で、1ヶ所だけ、下図のように間隔が大きく開いた部分があったとしましょう。

　飛び石から落ちないようにするためには、矢印の部分で強く踏み込み、必要に応じてジャンプしないといけないことが分かります。
　このように、もともとの強拍と弱拍の位置が、音の長短の組み合わせによって一時的にずれることをシンコペーションと言います。
　最も一般的な例は、♪ ♩ ♪のように、長い音符が短い音符にはさまれるリズムですが、《ふるさと》の11小節目や、p.44の《シンコペーテッド・クロック》の⇩の部分も、シンコペーションの一種と考えられます。

《シンコペーテッド・クロック》（L. アンダーソン作曲）

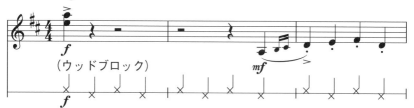

↓＝本来 強調されるべき箇所
⇩＝シンコペーションの結果、強調されることとなった箇所

THE SYNCOPATED CLOCK
Music by Leroy Anderson
ⓒ 1946（Renewed 1974） EMI MILLS MUSIC, INC.
All rights reserved. Used by permission.
Print rights for Japan administered by Yamaha Music Entertainment Holdings, Inc.

　シンコペーションによって、音楽に緊張感や浮遊感を与えることができます。ポピュラー音楽などでも、多く使われていますよ。
　シンコペーションが使われているほかの曲を探してみましょう。
例えば、《おお牧場はみどり》《翼をください》《Yesterday》などの曲には、シンコペーションが使われています。

（5）弱起

皆さんがよく知っている《ハッピー・バースディ・トゥ・ユー》の楽譜を下に示しました。

あれ、$\frac{3}{4}$拍子のはずなのに、最初の小節には四分音符1つ分の拍しかありませんね。そう、この曲は弱拍の3拍目から始まる曲なのです。このように、音楽が強拍以外から始まることを、弱起と言います。

なお、拍数が満たない小節を不完全小節と言います。弱起の曲で、最初の小節が不完全小節の場合、次の拍数が満たされた完全小節を1小節目として数えます。また、最後の小節は、弱起の小節の拍数分、短く書くのが一般的ですが、この場合、拍数が不足していても小節数に含めることになっています。

弱起（《ハッピー・バースディ・トゥ・ユー》M. J. ヒル、P. S. ヒル作曲）

ほかの弱起の曲を探してみましょう。
例えば、《おぼろ月夜》《早春賦》《浜辺の歌》などは弱起の曲です。

チャレンジ！ 指揮者になろう

　指揮者が、空間に音楽のリズムを描いていることは、前にもお話ししました。それでは、今度は皆さんが指揮者になって、いろいろな音楽の表情を友だちに伝えてみましょう。
　図で指揮法の例を示しました。今、何拍目を振っているのかが分からなくならないよう、基本的な形を知っていることはもちろん大切です。しかし、形にとらわれすぎて、音楽の表情を伝えることを忘れないようにしましょう。どのように振ったら、強弱の変化を表すことができるでしょうか。また、どのタイミングで合図を出したら、速度が変化することをうまく伝えられるでしょうか。
　音楽が切れ目なく流れていくように、動作も連続的に行います。
　1拍目は突然入るのではなく、まず予備の拍を示し、次に1拍目がくることを事前に演奏者に予想させます。例えば、2拍子なら2

指揮法の例

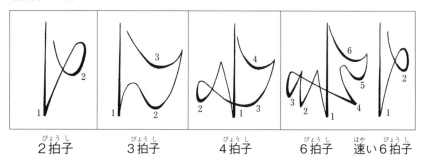

2拍子　　3拍子　　4拍子　　6拍子　速い6拍子

拍目の動作から、3拍子なら3拍目の動作から入ります。

　こうした音楽の拍子を示す動作は基本的に右手で行い、左手は強弱の変化を示したり、演奏者に指示を与えたりするのに使います。

　曲の表情は刻々と変わるので、それに合わせて身振りにも表情をつけてみましょう。

3. 音の組織
―音程と音階―

音程ってなぁに？

　西洋音楽の三要素は、リズム、旋律、和声と考えられています。このうち、リズムについては、前の章で説明しましたね。次に、旋律と和声（美しい響きが生まれるように、和音をつくること、また、和音をつなげること。和音については→ p.96）のしくみを理解するために、音程について見ていきましょう。

　音程は、「２つの音の高さの隔たり」のことを指します。音程には、時間をおいて生じるもの（旋律的音程、水平音程）と、同時に生じるもの（和声的音程、垂直音程）とがありますが、どちらも考え方は同じです。

　ところで、よく、「音程が低い！」などと、音程と音の高さ（ピッチ）の意味を混同して使っている人がいますが、音程は何か比べるものがないと使えない言葉なので、注意してくださいね。

（1）半音と全音

　さて、音程を理解するために、まず半音と全音について知る必要があります。西洋音楽では、一般に、半音という音程を最小単位としています。諸民族の音楽や現代の音楽では、微分音という、半音よりもっと狭い音程が用いられることがあります。興味のある人は調べてみてください。

半音は、1オクターヴを12に分割した音程のことです。そして、半音2つ分の音程を全音と言います。
　図に示したピアノの鍵盤を使って説明しましょう。白い鍵盤には、下から順番に「ドレミファソラシド」と書かれています。この下のドと上のドの音程が1オクターヴです。これが、いくつの鍵盤にまたがっているかを数えてみましょう。白黒白黒白白黒白黒白黒白白の13ですね。13の鍵盤と鍵盤との間の数は、12となります。
　白い鍵盤と黒い鍵盤の別なく、隣り合う2つの鍵盤の音程は、半音となっています。そして、半音2つ分の隔たりが全音ですから、ドからレのように、鍵盤を2つ移動した音程は、全音となります。そうか、白い鍵盤から白い鍵盤までが全音だと思った人は、気をつけてください。ミとファとの間、シとドとの間には、黒い鍵盤がありませんから、白い鍵盤同士であっても、ここは半音なのですね。

3 音の組織

半音と全音

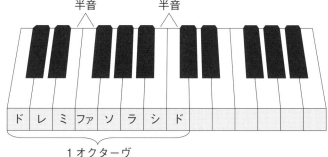

1オクターヴ

※日本語の音名は「ハニホヘトイロ」ですが、本書では、固定ド唱法（→ p.85）として定着している「ドレミファソラシ」のイタリア語の音名を用いています。

このように第3音と第4音、第7音と第8音の間が半音で、あとは全音の音階を長音階と言います（→ p.69）。

（2）度数

《ドレミの歌》のはじめの部分を口ずさんでみましょう。

アのところでは、ドレミと、音が音階を隣の音へ順番に上がっていっているのに対して、イのところでは、ミからド、ドからミへと音が跳んでいます。このドレミの動きを順次進行、ミからド、ドからミへの動きを跳躍進行と言います。

《ドレミの歌》（R. ロジャーズ作曲）

DO-RE-MI
Lyrics by Oscar Hammerstein Ⅱ
Music by Richard Rodgers
ⓒ 1959 by Richard Rodgers and Oscar Hammerstein Ⅱ
Copyright Renewed
WILLIAMSON MUSIC owner of publication and allied rights throughout the world
International Copyright Secured. All Rights Reserved.

音程は、数字に「度」を付けて示します。同じ高さを1度、隣の高さを2度、1つ跳んだ高さを3度……というように呼びます。

前の例で言うと、ドとレ、レとミの順次進行は2度の音程、ドとミの跳躍進行は3度の音程ということになります。

前のページの図の白い鍵盤に書かれた「ドレミファソラシド」で確認してみましょう。下のドからの音程は、同じ高さであるドが1度、レが2度、ミが3度、ファが4度…シが7度、そして上のドが

8度というように読んでいきます。

　では、問題です。ドとミ、ミとソの間は、どちらも3度ですが、同じ音程でしょうか。ドとミの間には全音が2つありますが、ミとソの間には全音1つと半音1つしかありません。つまり、同じ3度でも、半音1つ分の違いがあるということです。

　もう1つ、ドとファ、ファとシの間はどうでしょうか。どちらも4度ですが、ドとファとの間には全音2つと半音1つ、ファとシとの間には全音3つ分の隔たりがあり、ここでも半音1つ分の違いがありますね。

　このように、度数だけでは、細かな違いを示すことができません。そこで、正確な音程を示すためには、度数の前に「完全」、「長」、「短」などの言葉を添えて、違いを明確にします。

（3）度数の前に付ける語

①完全系

　1、4、5、8度がこれに当たります。p.51の図を見てください、同じ高さのドは完全1度、ドとファ（全音2つと半音1つ）は完全4度、ドとソ（全音3つと半音1つ）は完全5度、下のドと上のド（全音5つと半音2つ）は完全8度です。これらの音程は音同士の協和度が高く、「完全協和音程」と呼ばれています。完全に美しく響き合うという意味で、完全という語が付けられています。

　完全系では、以上に述べた音程を基にして、それよりも半音1つ

3　音の組織

分広い音程には「増」を、半音１つ分狭い音程には「減」を付けます。例えば、p.53で述べたファとシ（全音３つ）は、増４度になります。そして、「増」よりもさらに半音広い音程は「重増」、「減」よりもさらに半音１つ分狭い音程は「重減」と呼びます。

②長・短系

これに対して、２、３、６、７度は、長・短系です。p.51の図で言えば、ドとレ（全音１つ）が長２度、ドとミ（全音２つ）が長３度、ドとラ（全音４つと半音１つ）が長６度、ドとシ（全音５つと半音１つ）が長７度となります。また、「長」よりもそれぞれ半音１つ分狭い音程を「短」と言います。p.53で述べたミとソ（全音１つと半音１つ）は短３度ですね。長３度、長６度、短３度、短６度は、音同士が協和して響く程度が完全系より低いので、「不完全協和音程」と呼ばれます。

なお、音同士が協和しない音程は「不協和音程」と呼ばれます。不協和音程は、完全協和音程と不完全協和音程以外のすべての音程です。

さらに、「長」よりも半音１つ分広い音程を「増」、「短」よりも半音１つ分狭い音程を「減」と言います。

「増」よりもさらに半音広い音程を「重増」、「減」よりもさらに半音１つ分狭い音程を「重減」と呼ぶのは、完全系と同じです。

これらのことをまとめると、次のページの図のようになります。

完全系と長・短系

完全系コース

完全

重減 ← 減
　　　　1・4・5・8度
　　　　2・3・6・7度
　　　　　　　　　　　増 → 重増

短　　長

長・短系コース

狭い　　　　　　　　　広い

半音の幅ずつ

（4）様々な音程

①音程の見分け方

　まず示された２つの音の音程が完全系か長・短系か考えてみましょう。音に変化記号（→ p.62）が付いていても、とりあえず無視してください。前に説明したとおり、長音階では、主音を起点とすれば、１度、４度、５度、８度はすべて完全音程、２度、３度、６度、７度はすべて長音程になります。この各音程を基準として、それよりも半音１つ分広い、あるいは狭いというように、図をたどっていけば、正確な音程を知ることができます。変化記号が付いている場合は、変化記号によって音程が半音いくつ分広くなったり狭くなったりしているかを見分けて、音程を割り出しましょう。

55

②曲の中の様々な音程

　よく知っている歌の中に出てくる音程を、歌いながら調べてみましょう（答えと解説は楽譜のあとに出ています）。音程を見分けるポイントは、まず幹音（→ p.62）同士で何度になるかを考えて、次にその中にいくつの半音が含まれているかを考えることです。サとシに半音に関係する記号のシャープ（♯）とナチュラル（♮）が出てきますが、その説明は p.62 にあります。半音が２つ含まれているとき、足して全音１つ分に数えたりはしないので、注意しましょう。

　広い音程で跳躍するときには、大きなエネルギーを必要とすることが分かったでしょうか。

いろいろな音程

《きらきら星》（フランス民謡）

《さんぽ》（久石譲 作曲）

ⓒ 1988 Studio Ghibli

《虹の彼方に》(H. アーレン作曲)

OVER THE RAINBOW
Words by E. Y. Harburg
Music by Harold Arlen
ⓒ 1938, 1939 (Renewed 1966, 1967) EMI FEIST CATALOG INC.
All rights reserved. Used by permission.
Print rights for Japan administered by Yamaha Music Entertainment Holdings, Inc.

3 音の組織

《展覧会の絵》(ムソルグスキー作曲) より〈バーバ・ヤーガの小屋〉冒頭

【答え】
ア 完全1度　イ 完全5度　ウ 長2度　エ 短2度　オ 短3度
カ 完全4度　キ 長3度　ク 完全8度　ケ 長6度　コ 短6度
サ 長7度　シ 短7度

【解説】

ア 同じ音同士は1度。1度は完全系。完全1度。

イ 5度。5度は完全系。全音＋全音＋半音＋全音＝全音3つと半音1つ＝完全5度。

ウ 2度。2度は長・短系。全音（以下、全と略します）1つ＝長2度。

エ 2度。2度は長・短系。半音（以下、半と略します）1つ＝短2度。

オ 3度。3度は長・短系。半＋全＝短3度。

カ 4度。4度は完全系。全＋全＋半＝2全1半＝完全4度。

キ 3度。3度は長・短系。全＋全＝長3度。

ク 8度。8度は完全系。オクターヴ＝完全8度（5全2半）。

ケ 6度。6度は長・短系。完全5度（全＋全＋半＋全）＋全＝4全1半＝長6度。

コ 6度。6度は長・短系。完全5度（全＋半＋全＋全）＋半＝3全2半＝短6度。

サ 7度。7度は長・短系。ファにシャープ（♯）が付いているため、半音1つ分音が高くなり、ソからソの1オクターヴ（完全8度）より半音狭いので長7度。

シ 7度。7度は長・短系。ファに本位記号（→ p.62）のナチュラル（♮）が付いているため、半音1つ分高くなった音が元の高さに戻り、完全8度より全音1つ分狭いので短7度。

③複音程

　1オクターヴよりも広い音程、つまり増8度以上のことを、複音程と言い、完全8度までの音程を、単音程と言います。複音程を表す場合、そのままの数字を使う言い方と、1オクターヴと何度という言い方があります。「完全」「長」「短」など数字の前に付く言葉は、単音程の場合と同じです。

　例えば、ドから1オクターヴ高いドの次のレまでは、長9度あるいは1オクターヴと長2度となります。

④転回音程

　2つの音の上下を入れ替えることを転回と言い、転回したときに得られる音程を転回音程と言います。転回音程の度数は、「9」から元の音程の数字を引いたものになります。種類は、元が完全ならば完全のまま、元が長ならば短に、元が増ならば減に、元が重増ならば重減になります。ただし、複音程は転回できません。

転回音程の例（完5⇔完4、長6⇔短3、減5⇔増4）

完全5度　完全4度　　　　長6度　短3度　　　　減5度　増4度

コラム

倍音と協和音程、不協和音程

　1つの音が鳴っているように聞こえても、実際には、それよりも高い音が、かすかな音で響き合っているということは、「1.音楽の素材」のところでお話ししましたね。その中でも、特に基音から見て整数倍の周波数をもつ音を倍音と言います。

　図は、C3の音を鳴らしたときに響く倍音の列を示したものです（音名がどのオクターヴ上にあるかは国際表記によっています）。音符の上の数字1、2、3…はいくつ目の倍音（第何倍音）であるかを示しています（8va…は、表記された音の1オクターヴ高い音であることを示します）。

　2つの音がよく調和して響く安定感のある音程を協和音程、その反対に、調和せず濁った響きがする緊張感のある音程を

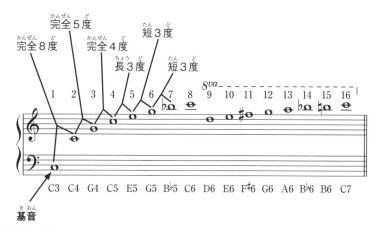

不協和音程と言います。協和音程のうち、特によく調和して響く音程を完全協和音程と言います。完全音程はすべて完全協和音程、長・短系は長・短3度、長・短6度が不完全協和音程です。これら以外の音程が不協和音程とされます。

　基音と第1倍音は完全1度、第1と第2は完全8度、第2と第3は完全5度、第3と第4は完全4度と、いずれも完全協和音程なので、近い関係にあることが分かります。

　続く第4と第5は長3度、第5と第6は短3度、第6と第7は短3度と、いずれも不完全協和音程です。

　このように基音に近い（整数倍率が低い）倍音ほど、倍音同士（ドとド、ドとソ、ソとド）の協和度は高いと言えます。

　不協和音程と協和音程は、音楽に緊張と弛緩をもたらし、音楽を起伏に富んだものにします。このことは「4. 音楽の引力」の「和音の種類」（→ p.97）や「和音の機能」（→ p.104）などにも深く関係しています。

3 音の組織

音名　その2

　ここまではおもに、ピアノで言うと、白い鍵盤で出すことのでき
る音を取り上げてきました。これらの音を「幹音」と言います。

　しかし、これだけでは、黒い鍵盤で出す音などを指し示すことが
できません。そこで、変化記号と呼ばれる記号を使って、幹音を半
音高くしたり半音低くしたりします。変化記号によって変化させら
れた幹音を、派生音と言います。

（1）変化記号と本位記号

　変化記号には、①と②に示した4種類があります。

①音を高くする

・♯（シャープ）嬰記号…幹音を半音1つ分高くします。

・𝄪（ダブルシャープ）重嬰記号…幹音を半音2つ分高くします。

②音を低くする

・♭（フラット）変記号…幹音を半音1つ分低くします。

・𝄫（ダブルフラット）重変記号…幹音を半音2つ分低くします。

③元に戻す

・♮（ナチュラル）本位記号…変化記号によって高くなったり低く
　なったりした音を、元の高さに戻します。

（2）使い方

①臨時記号として

　曲の途中で、たま（符頭）の左側に付けて、その音を臨時に高くしたり低くしたりします。途中で本位記号が付けられない限り、同じ小節内の同じ高さの音すべてに有効です。

②調号（調子記号）として

　曲の調（→ p.66）を示すために、五線譜の各段の左端、音部記号のすぐ右に示します。p. 4 の《ふるさと》の楽譜では、高音部譜表の第3線、低音部譜表の第2線に♭が1つ付いていますね。

　調号の場合、変化記号は、オクターヴ関係を問わず、同じ音名をもつすべての音に効力を発揮します。例えば、第3線に付けられた♭は、その高さのシはもちろんのこと、下第2間のシも、それ以外のシも、すべて半音低くなるということです。

　調号を書く位置と順番は、決まっていて、自由に変更することができません。p.84 の「五度圏」の図を見て確認してくださいね。

　同じ音を調号で示した場合と臨時記号で示した場合の違いは、次のページの《荒城の月》の楽譜を見て確認しましょう。

　同じページの「音名　その2（派生音）」の楽譜もよく見てください。幹音にシャープ（嬰記号）が付いた日本語の音名は「嬰ハ」のように「嬰」を、フラット（変記号）が付いた日本語の音名は「変ハ」のように「変」を付けて呼びます。

63

派生音の英語の音名は、下の楽譜のC♯、D♯…、C♭、E♭… のほかに、C sharp、D sharp…、C flat、D flat…とも書きます。

なお、本書では、派生音の音名を便宜的に「ド♯、レ♯、ミ♯、ファ♯、ソ♯、ラ♯、シ♯」「ド♭、レ♭、ミ♭、ファ♭、ソ♭、ラ♭、シ♭」のように書き表しています。

調号で示した場合と臨時記号で示した場合
《荒城の月》原曲　滝廉太郎作曲

音名　その2（派生音）

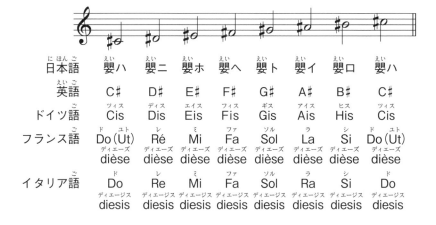

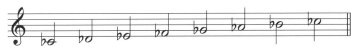

日本語	変ハ	変ニ	変ホ	変ヘ	変ト	変イ	変ロ	変ハ
英語	C♭	D♭	E♭	F♭	G♭	A♭	B♭	C♭
ドイツ語	Ces (ツェス)	Des (デス)	Es (エス)	Fes (フェス)	Ges (ゲス)	As (アス)	B (ベー)	Ces (ツェス)
フランス語	Do(Ut) (ド ユト) bémolle (ベモル)	Ré (レ) bémolle	Mi (ミ) bémolle	Fa (ファ) bémolle	Sol (ソル) bémolle	La (ラ) bémolle	Si (シ) bémolle	Do(Ut) (ド ユト) bémolle
イタリア語	Do (ド) bemolle (ベモッレ)	Re (レ) bemolle	Mi (ミ) bemolle	Fa (ファ) bemolle	Sol (ソル) bemolle	Ra (ラ) bemolle	Si (シ) bemolle	Do (ド) bemolle

3 音の組織

（3）異名同音

　いろいろな音名を知ったところで、1つ試してみましょう。鍵盤を使って、次の2つの音を出してみてください。1番目はドの音、2番目はシ♯の音。あれ、同じ鍵盤を押したのではないでしょうか。今度は、レ♭。そう、これも同じ鍵盤ですね。

　このように、同じ高さの音でも、2つ以上の名前をもっています。これを異名同音と言います。でも、名前が違うということは、その音の役割や向かおうとする方向などが違うということなので、「簡単だから！」という理由で勝手に置き換えたりしてはだめですよ。

　例えば、楽譜に「ファ ソ♯ ラ」と書かれていて、ソ♯から上のラに音が向かっているとき、その流れに反し「ファ ラ♭ ラ♮」と置き換えてはいけません。同様に、「シ シ♭ ラ」とシ♭から下のラに音が向かっているとき、「シ ラ♯ ラ♮」と置き換えてもいけません。

調性
ちょうせい

　調性とは、旋律や和声が、ある1つの音を中心にして統一されている音楽の形を指します。中心となる音と、その音に対する引力のような力関係によって、特定の調になります（例：ハ長調）。

　調性は、西洋音楽の歴史においても限られた時代に見られる特徴ですが、実際に私たちが生活の中でよく耳にしている音楽は、その多くが調性をもっており、調性によって性格づけられています。

　《きらきら星》の曲を弾いてみましょう。

《きらきら星》（フランス民謡）ハ長調

　では次に、一部の音の高さを変化させて《きらきら星》を弾いてみましょう。

《きらきら星》（フランス民謡）ハ短調に変更

　2番目の方が、陰ったような印象を受けたのではないでしょうか。このように、多くの音楽が、調性によって、明るい感じや暗い感

じなど、性格づけられています。ちなみに、最初の《きらきら星》の調性は長音階（→ p.69）によってつくられているので長調に、2番目は短音階（→ p.71）によってつくられているので短調に属します。

　モーツァルトは《きらきら星》の旋律を主題にして変奏曲（→ p.137）を作曲しました。《きらきら星変奏曲》K265です。この曲は第8変奏でそれまでのハ長調からハ短調に転じ、第9変奏でハ長調に戻ります。

音階

　それぞれの音楽に用いられる音を集めて、約1オクターヴ（完全8度の音程）の範囲で、低い音から高い音へ順に並べたものを音階と言います。現在、調性のある音楽で主として用いられる音階は、7つの音からできている長音階（長調の音階）と短音階（短調の音階）です。長音階と短音階は、全音と半音の並び方の違いによって区別されます。

　では、まず《ふじ山》の1〜8小節目までの旋律を並べて、音階を見つけてみましょう。

《ふじ山》（文部省 唱歌）1〜8小節

　順に音符を書き出していくと「ソソラソミドレミレソソファミレソソミドラシドラソラソファミレド」となります。

68

《ふじ山》に用いられている音

それを下から順に1オクターヴの範囲で並べると、次のようになります。

《ふじ山》の音階

（1）長音階

　《ふじ山》は、伸びやかな明るい雰囲気の曲ですよね。この曲は、長調で用いられる「長音階」に基づいています。
　《ふじ山》の音階で、長2度（全音＝全）と短2度（半音＝半）が、下から順にどのように並んでいるかを調べてみましょう。
黒鍵のある位置に ■ の印を付けていくと、分かりやすいですね。

■　■　　　■　■　■
ドーレーミーファーソーラーシード
全ー全ー半 ー 全ー全ー全ー半

このように並んでいることに気づいたでしょうか。

ちなみに、《ふじ山》の長音階は、ハの音名の音から始まっているので、ハ調長音階（またはハ長調の音階）と言います。

さて、音階には、それぞれの音に役割と名前が付いています。

まず、音階の最初の音、つまり一番低い音を、**主音**と言います。最も安定感のある重要な音であり、この音で終わる旋律が多く見られます。

次に、主音から上の方向に完全5度の関係にある音、つまり音階の第5音を、**属音**と言います。主音について重要な音で、主音とともに調性を支配します（属和音が主和音へと進もうとする強い力をもつため、調の主音、ひいては調を確定するのに大きな役割を果たします。→ p.107）また、主音から下の方向に完全5度の関係にある音、つまり音階の第4音を、**下属音**と言います。属音について重要な音です。

そして、音階の第7音、つまり主音の短2度下の音を、**導音**と言います。主音に進もうとする性格が強いことから、この名が付けられました。

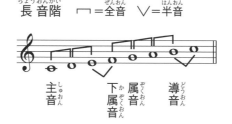

（２）短音階

では次に、短音階がどのように形づくられているかを見ていきましょう。

短音階は、各構成音の音程関係によって、３種類に分けることができます。

①自然的短音階

ハ調長音階の構成音を、第６音から順にたどってみましょう。■は、黒鍵のある位置を示しています。

■　　　■　■　　　　■　■

ラ－シ－ド－レ－ミ－ファ－ソ－ラ

全－半－全－全－半　－　全－全

このように並んでいる短音階を、自然的短音階と言います（→ p.73）。

一番下の音を主音、第５音を属音、第４音を下属音と言うのは、長音階と同じです。しかし、この音階は主音の短２度下の導音をもっていないことに注意してください。第７音と第８音が全音になっていて、第７音は主音に進もうとする強い力をもっていないのです。主音で終わった感じを強めるためには、人工的に導音をつくり出す必要があります。

71

②和声的短音階

　自然的短音階が導音をもっていないため、第7音を半音高くして、主音との関係を半音に変更することによって、人工的に導音をつくり出したものが、和声的短音階です。和声（→ p.50）を付けるときには、主としてこの音階の構成音が用いられます。

ラーシードーレーミーファーソ♯ーラ

全－半－全－全－半 － ？ － 半

　こうすることにより、導音が得られたのはよいのですが、今度は第6音と第7音との音程（？の部分）が、全音よりもさらに半音1つ分広い増2度になってしまいました。

　この音階を一度歌ってみてください。とても歌いにくい音の動きになっていることが分かるでしょう。旋律として不自然になってしまったため、旋律に用いる場合は、さらなる変更が必要になりました。

③旋律的短音階

　和声的短音階では第6音と第7音の音程が広くなりすぎたので、今度は第6音を半音上げて、歌いやすいなめらかな音階をつくりました。これが、旋律的短音階です。

ラーシードーレーミーファ♯ーソ♯ーラ

全－半－全－全－全 － 全 － 半

72

ただし、下行では導音を人工的につくる必要がありませんので（下行だから主音に向かって半音「上がる」必要がないので）、第7音と第6音は元の位置に戻され、自然的短音階と同じ形になります。

楽譜の短音階はイの音名の音から始まっているので、イ調短音階（またはイ短調の音階）と言います。

・自然的短音階

・和声的短音階

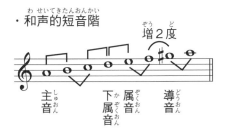

・旋律的短音階

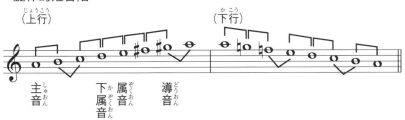

コラム

様々な音階

長音階や短音階のほかにも、特徴的な音階がたくさんあります。その代表的なものをいくつか紹介しましょう（ここでの音階は、比較しやすいように、すべてＣ４〜Ｃ５の範囲で示しています。→ p.60）。

● **教会旋法** 調性が確立する前から西洋の中世キリスト教音楽で使われていた音階のようなものですが、音域や曲の終わりに使われる音の違いなどにより細かく分けられています。近現代の音楽やジャズにも取り入れられています。
例：ドリア旋法（イギリス民謡《グリーンスリーブス》など）

もともとはレミファソラシドレ。楽譜はＣ４〜Ｃ５の範囲で示しているため、それぞれの音の高さが変わっていますが、各音の音程関係は同じです。
　　ドリア旋法の終止音（通常、曲の最後の音）は第１音、支配音（旋律の中でしばしば反復されるなど、終止音について各旋法の特質を表す音）は第５音です。

●**日本の音階**　元来、音階を構成する各音の音程関係の決め方が西洋音楽とは異なるという説もありますが、ここでは便宜的に五線譜で示しています。

・**都節音階**（わらべうた《うさぎうさぎ》など）　箏曲や三味線音楽などに用いられています。

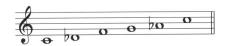

・**律音階**（林広守作曲《君が代》など）　雅楽の音階

・**民謡音階**（富山県民謡《こきりこ節》など）

・**沖縄音階**（沖縄県民謡《てぃんさぐぬ花》など）

・**四七抜き音階**（山田耕筰作曲《赤とんぼ》など）　明治の頃の日本では、ドレミファソラシドの代わりに、数を表す語「ヒ（1）・フ（2）・ミ（3）・ヨ（4）・イ（5）・ム（6）・ナ（7）・ヒ」

を階名に使っていました（→ p.85）。この音階は、第4音のヨ（＝ファ）と第7音のナ（＝シ）がないので「四七抜き」音階と呼ばれ、5つの音からできています。

● **外国の音階**

・**ハンガリー民謡などに多く使われている音階**（サラサーテ作曲《ツィゴイネルワイゼン》など）　増2度（長2度より半音広い）の音程になるところが2ヶ所あるのが、この音階の特徴です。

・**スコットランドの民謡に多く使われている音階**（スコットランド民謡《蛍の光》など）　四七抜き音階と同じ音階です。

・**アメリカのブルースなどに使われている音階**　ブルースを起源として、ジャズやロックンロールなどで用いられる音階です。第3音（ミ）、第5音（ソ）、第7音（シ）が $\frac{1}{4}$ 音から $\frac{1}{2}$ 音（半音）程度低くなるのが特徴です（楽譜ではそれを♭で表しています）。それらの音はブルー・ノートと呼ばれています。ガーシュイン作曲《ラプソディ・イン・ブルー》

などのクラシック音楽にも使用されています。

ブルー・ノート

● その他の音階

・半音階（リムスキー＝コルサコフ作曲《くまんばちの飛行》など）　隣の音同士の間隔が半音となる音階を半音階と言います。ピアノは1オクターヴの中に白鍵と黒鍵、合わせて13の鍵盤がありますが、それらの音を並べると半音階になります。

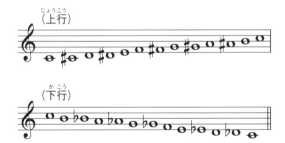

・全音音階（ドビュッシー作曲《子どもの領分》より〈象の子守歌〉など）　半音階の音を1つおきにとってつくられた音階です。隣の音同士の幅が全音となります。半音がないため独特の浮遊感が生まれます。ドビュッシーが本格的に使い始めました。

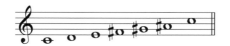

なお、全音音階と全音階は意味が異なります。全音階は、連続する２つおよび３つの全音が半音をはさんで続いている音階です。長音階や短音階は全音階の一種です。ピアノの白鍵だけを弾くと、ドの音を主音にした全音階が長音階、ラの音を主音にした全音階が短音階になります。

五度圏

長音階が、主音から「全全半全全全半」の順に並んでいることを勉強しました。言い換えれば、この「全全半全全全半」を守ると、どの音から始めても長音階をつくることができるということになります。実際に試してみましょう。

チャレンジ！ 五度圏めぐりをしよう

左端のドから「全全半全全全半」の順に鍵盤を押してみましょう。

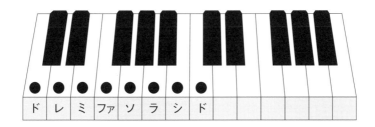

ハ長調（主音ドの日本語の音名がハなのでハ長調と言います）の音階、「ドレミファソラシド」が弾けましたね（●）。

ハ長調の音階　⌐=全音　∨=半音

次に、ハ長調の属音、すなわち5番目に当たる音（ソ＝ト）から、「全全半全全全半」の順に鍵盤を押してみましょう（★）。

ト長調（主音がト）の音階が弾けましたね。このとき、7番目の音が半音上がって、ファが♯になっていることに気をつけてください。

さらに、ト長調の属音、すなわち5番目に当たる音（レ＝ニ）から、「全全半全全全半」の順に鍵盤を押してみましょう（◆）。

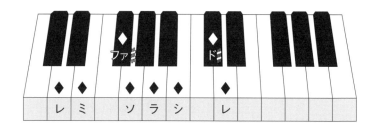

ニ長調（主音がニ）の音階が弾けました。今回は、元のファ♯に加えて、7番目の音がまた半音上がって、ドが♯になっていますね。

このように、元の音階の5番目の音から、「全全半全全全半」の順に鍵盤を押して長音階をつくると、いつも第7音、つまり導音が、元の音階に比べて半音高くなって、♯が増えていくのが分かったでしょうか。

この作業を、根気強く、あと4回続けてみてください。すると、次のように黒い鍵盤（ファ♯＝嬰ヘ）から始まる音階になりますね（♥）。

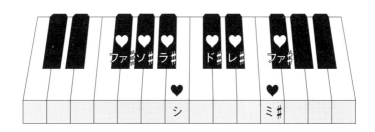

嬰ヘ長調（主音が嬰ヘ（＝ファ♯）なので嬰ヘ長調と言います）の音階ができました。この音階では、第4音であるシ以外のすべての音に♯が付いています。

では、これと同じ音階を、嬰ヘ音（＝ファ♯）の異名同音、変ト音（＝ソ♭）から始まる音階に書き換えてみましょう（♥）。

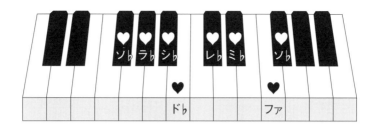

変ト長調（主音が変ト）の音階ができました。この音階では、第7音であるファ以外のすべての音に♭が付いています。

それでは次に、変ト長調の5番目の音（レ♭＝変ニ）から、また「全全半全全全半」の順に鍵盤を押してみましょう。次のような音階になったでしょうか（▲）。

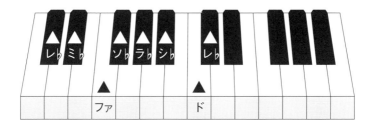

変ニ長調（主音が変ニ＝レ♭）の音階です。

　このように、元の音階の5番目の音から、「全全半全全全半」の順に鍵盤を押して長音階をつくると、第7音、つまり導音が、元の音階に比べて半音高くなって、今度は♭が取れていくのが分かったでしょうか。

　そして、この作業を、また根気強く、あと5回続けてみてください。すると、びっくり！　最初のハ長調の音階に戻ってきましたね。

　これまで挑戦してきたように、ある調から出発して、完全5度高い調へ、あるいは低い調への移動を12回繰り返すと、元の調に戻る調の体系を、五度圏と言います（→ p.84）。ハ長調を出発点に、♯が1つずつ増えていく順に「トニイホロヘ」、♭が1つずつ増えていく順に「ヘロホイニト」と覚えておくと便利ですよ。♯が付いていく位置は「ファドソレラミ」、♭は「シミラレソド」の順番です。

五度圏

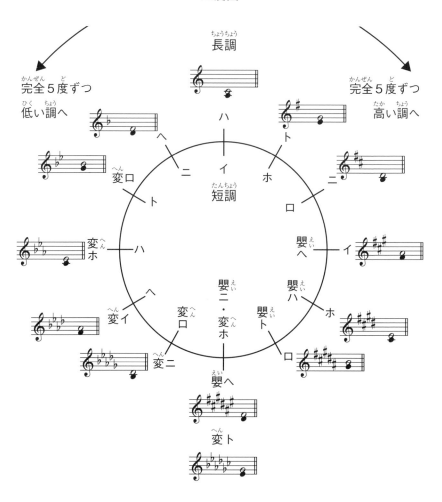

o = 長調の主音
● = 短調の主音

円の中は、長調と同じ調号をもつ、長調と平行調（→ p.86）の関係にある短調を示しています。

コラム

階名唱法と数字譜

　音の名前には、絶対的な高さを示す音名のほかに、調性における相対的な高さを示す階名があり、日本では階名に「ドレミファソラシ」が使われてきたことはすでにお話ししました。この階名を使って歌う方法を階名唱法と言います。調が変わるごとにドの位置が変わるため、移動ド唱法とも呼ばれ、どの調の音階もすべて「ドレミファソラシ」という名前になります。例えば、ハ長調の曲ではハの音がドになり、ヘ長調の曲ではヘの音がドになります。同様に、ハ短調の曲ではハの音がラになり、ヘ短調の曲ではヘの音がラになります。

　これに対して、調の違いにかかわらず、ハの音ならド、ヘの音ならファというように歌う方法を固定ド唱法と言います。この唱法は、階名のドレミを音名として用いているので、音名唱法の一種です。このようにドレミは、階名にも音名にも使われる場合があるのです。

　イタリアやフランスでは、階名に「１２３４５６７」の数字も使用されます。日本でも、明治期に発行された教科書では、五線譜に数字をふりがなのように振って使っていました。この数字譜は、現在でも伝統音楽などのジャンルで使用されています。中国などでは、伝統音楽だけでなく、西洋音楽の教育にも定着しています。

3 音の組織

近親調（関係調）

（1）関係の近い調と遠い調

　　様々な調の音階を弾いたとき、きっと気づいたことでしょう。調と調には、ハ長調から見て共通する音をたくさんもっている関係と、そうでない関係があるのです。例えば、ハ長調とト長調は、１つの音を除いて、すべて同じ音でしたね。ハ長調から見て共有する音が多い調を近親調（関係調）と言い、共有する音が少ない調を遠隔調と言います。遠隔調は五度圏で、近親調とは反対に、元の調（主調。この場合はハ長調）から遠く隔たった調です。

（2）近親調の種類

①平行調

　　同じ調号をもつ長調と短調の関係を平行調と言います。例えば、ハ長調とイ短調の関係です。自然的短音階は、長調の音階とまったく同じ音からできています。p.84 の五度圏の図には、長調と平行調の関係にある短調も示されています。

②同主調（同名調）

　　同じ主音をもつ長調と短調の関係を同主調（同名調）と言います。

例えば、ハ長調とハ短調の関係です。旋律的短音階の上行形は、第3音以外、長調の音階と同じ音からできています。

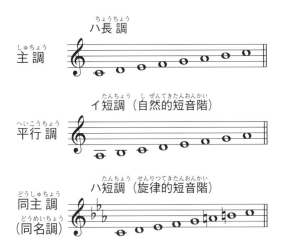

③属調

ある調の属音を主音とする調のうち、元の調と同じ種類（元の調が長調なら同じく長調、短調なら同じく短調）の5度上のものを属調と言います。例えば、ト長調はハ長調の属調であり、ホ短調はイ短調の属調です（その反対の関係は属調になりません）。

五度圏の練習では、次々と属調へ移っていたことになります。

④下属調

　ある調の下属音を主音とする調のうち、元の調と同じ種類の5度下のものを言います。例えば、ヘ長調はハ長調の下属調であり、ニ短調はイ短調の下属調です（その反対の関係は下属調になりません）。

　狭い意味では、①から④の関係を近親調と呼びますが、広い意味では、属調と下属調の平行調と同主調を加えて、8種類の調を近親調と呼びます。

（3）移調と転調

①移調

　ある曲を、音程の相対関係を変更せずに、異なる主音の調に移し替えることを、移調と言います。元の曲はすべて、同じ音程分、変化します。身近な例を挙げれば、カラオケで、自分の声域に合わせて、「＋1」、「－2」など、調（キー）を変更する操作のことですね。

　長調は異なる主音の長調に、短調は異なる主音の短調に移ります。

ハ長調から見た近親調（実線は特に関係が密なもの、点線はその次に密なもの）

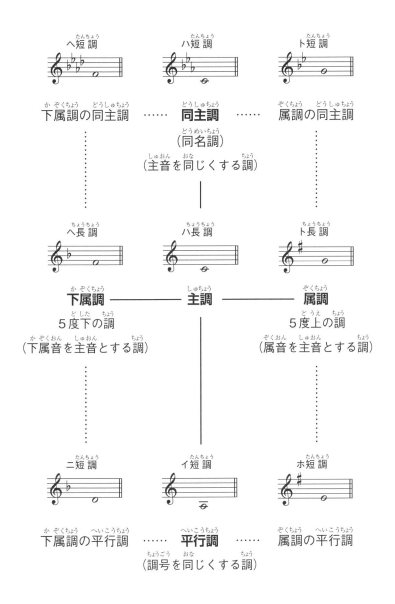

コラム

移調楽器

　管楽器の多くは、楽譜に書かれた音と実際に鳴る音の絶対的な高さが異なっています。例えば、クラリネットでは、楽譜上のドを吹くと、楽器によって、シ♭が鳴ったり、ラが鳴ったりします。このように演奏したとき実際に鳴る音（実音）を移調して記譜する楽器を、移調楽器と言います。実音よりオクターヴ上や下に記譜する楽器もそう呼びます。管楽器の場合、オーボエとイングリッシュ・ホルンのように、同じ構造で管の長さが異なる楽器は、実音の高さが違っても同じ指づかいで演奏することが可能になるため、それが慣例になりました。

　楽譜上のドの音を吹いたときに、シ♭の音が出る楽器のことを、ドイツ語の音名を使って「B管」などと呼びます。上記のクラリネットをはじめ、テナー・サクソフォーンやソプラノ・サクソフォーンがそう呼ばれます。

クラリネット　　　　テナー・サクソフォーン

写真提供：ヤマハ株式会社

②転調

　曲の途中で、ある調から異なる調に変わることを、転調と言います。短い曲の中で、転調を繰り返すという例はあまり見られませんが、ある程度、長い曲になると、転調をして雰囲気を変えるというテクニックがよく使われます。

　転調の程度は様々です。調性が確立したばかりの時代には、近親調の範囲で転調するのが一般的でしたが、徐々に遠隔調にも大胆に転調するようになりました。転調の長さも、一時的なものから、継続的なものや長いものまで、いろいろとあります。

　楽譜の《ドナドナ》は、短調で始まり、長調への長い転調と短い転調を経て、また元の短調に戻っています。そのことで、短調の醸し出す暗さや悲しみが、より一層心にしみるように感じられるのではないでしょうか。

　《ドナドナ》のニ短調とヘ長調の関係は？　そう、平行調と呼ばれる、同じ調号をもつ長調と短調の関係ですね。

3 音の組織

転調の例（《ドナドナ》S. セクンダ作曲）

DONA DONA
Words by Sheldon Secunda, Teddi Schwartz, Arthur S Kevess and Aaron Zeitlin
Music by Sholom Sholem Secunda
ⓒ Copyright EMI MILLS MUSIC, INC.
All rights reserved. Used by permission.
Print rights for Japan administered by Yamaha Music Entertainment Holdings, Inc.

チャレンジ！ 移調しよう

　最初の楽譜（→ p. 4）を参考にしながら、《ふるさと》のおもな旋律（1番高い声部）を、変ホ長調（主音は変ホ＝ミ♭）に移調して、五線に書いてみましょう。
　次のページに解答例が出ていますが、見ないで挑戦しましょう。まず、変ホ長調の調号を確認してください。音の高さは、全体的

に何度移動させればよいでしょうか。

　音符を書き込むにあたって、符頭の位置が第3線よりも上にあるとき符尾は下向き、下にあるとき符尾は上向きになるようにします。符尾の向きが上下混ざっているときは、スラーは上側に書きます。

《ふるさと》を変ホ長調に移調する

4. 音楽の引力
―和音とコードネーム―

和音を理解するために

和音について知るためには、音程について理解しておく必要があります。「3. 音の組織」の前半にその説明がありますので、あわせて読んでください。

和音ってなぁに？

　和音は、違う高さの音を、2つ以上、同時に重ね合わせたとき
に得られる響きのことです。英語では、コード chord と言います。
協和音程のみでつくられ、よく調和して響く協和音と、不協和音
程を含み、どこか緊張感のある不協和音に分けられます。

　友だちと合唱や合奏をしたり、先生が伴奏を弾いてくれたりした
ときに、音楽の世界が広がったような感じがしたことはありません
か。また、音楽を聴いていて、ぶつかり合うような和音が、美しく
響き合う和音に変わったとき、ほっとするような気持ちになった人
もいることでしょう。このように、いくつもの和音が連なることで、
音楽に色彩を与えたり、私たちの心をゆさぶったりしています。

　倍音のコラム（→ p.60）でお話ししたように、自然界にはもとも
と、倍音による和音が、かすかな音ではあっても存在しているので
す。西洋音楽の長い歴史の中で、特にこの和音の響きが理論的に体
系化され、発展してきました。

　これから、その和音のしくみを見ていくことにしましょう。

　なお、2つの音の重なりを重音と言って、和音と区別することが
あります。ヴァイオリンのような主として1つの音だけを出して演
奏する楽器で、複数の音を同時に出して演奏することは重音奏法と
言い、和音奏法とは言いません。

和音の種類

(1) 三和音

　ある音から3度上に音を重ね、さらにその3度上に音を重ねた和音を三和音と言います。これが、和音の基本になります。このとき、和音の一番下の音を根音、3度上の音を第3音、その3度上の音を第5音（根音から数えて5度上になるので）と言います。

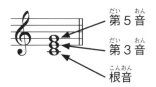

　低い音から高い音まで、1オクターヴを超えて散らばっている音でも、1オクターヴの範囲内に移動させたとき、3度の関係にある3音の重なりになっていれば、これも三和音と言います。

　これも、　　　　　　　　三和音です。

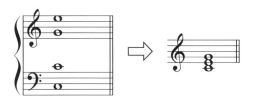

三和音は、根音と第3音、そして第5音との音程関係によって、4つの種類に分けられます。

①長三和音

根音と第3音が長3度、第3音と第5音が短3度の三和音を、長三和音と言います。根音と第5音は、完全5度になります。

とてもよく使われる和音の1つで、明るい響きがします。

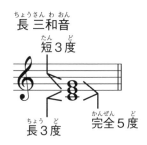

②短三和音

根音と第3音が短3度、第3音と第5音が長3度の三和音を、短三和音と言います。根音と第5音は、完全5度です。

長三和音とともに、よく使われる和音です。陰った感じの響きがします。

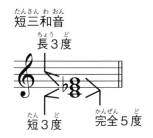

③増三和音

長三和音の第5音を半音上げて、根音と第3音、第3音と第5音のどちらも長3度の三和音を、増三和音と言います。

根音と第5音は、（完全5度より半音

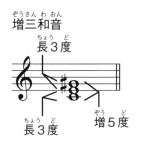

広い）増5度になり、膨張するような不安定な響きがします。

④減三和音

短三和音の第5音を半音下げて、根音と第3音、第3音と第5音のどちらも短3度とした三和音を、減三和音と言います。

減三和音
短3度
短3度　減5度

根音と第5音は、（完全5度より半音狭い）減5度になり、押し込められたような不安定な響きがします。

これら4種類の三和音のうち、長三和音と短三和音は、協和音程からなっているので、協和音ですが、増3和音には増5度が、減3和音には減5度が含まれるので、これら2つは不協和音となります。

（2）七の和音（四和音）

三和音の第5音からさらに3度上に音を1つ重ねた、4つの音からなる和音を、七の和音、または四和音と言います。七の和音というのは、根音と4つ目の音との音程が7度になるためです。

三和音のときと同じく、1オクターヴを超えて散らばっている音でも、1オクターヴの範囲内に移動させたとき、4音が3度の重なりになっていれば、これも七の和音と言います。

七の和音（四和音）の例

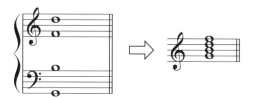

　長3度と短3度どちらかの音程で4つの音を重ねるので、音程の組み合わせから考えれば、長－長－長、長－長－短など全部で8種類の和音をつくることができるはずですが、実際には使われないものもあるので、ここでは代表的な5つの七の和音を取り上げることにします。

　七の和音は、根音と第7音の音程が7度という不協和音程になるので、必ず不協和音となります。

①長七の和音

　長三和音の上に長3度を重ねた七の和音を、長七の和音と言います。根音と第7音は、長7度になります。

　長7度の音が激しくぶつかり合う不協和音程ということもあり、輝かしさと激しさを感じさせます。

②属七の和音

長三和音の上に短3度を重ねた七の和音を、属七の和音と言います。根音と第7音は、短7度になります。

属音（音階の第5音）の上につくられた七の和音がこの音程になることから、属七の和音という名前になりました。

終止感（→ p.107）を引き出す重要な和音です。

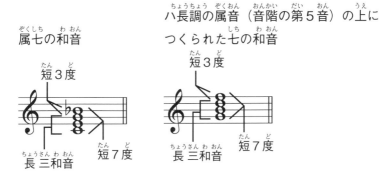

③短七の和音

短三和音の上に短3度を重ねた七の和音を、短七の和音と言います。根音と第7音は、短7度になります。下の3つの音が短三和音、上の3つの音が長三和音となっていて、やわらかく響きます。

④導七の和音（減五短七の和音）

減三和音の上に長3度を重ねた七の和音を、導七の和音と言います。根音と第7音は、短7度になります。

導音（音階の第7音）の上につくられた七の和音がこの音程になることから、導七の和音という名前になりました。根音と第5音が減5度に、根音と第7音が短7度になることから、減五短七の和音という別名も付きました。

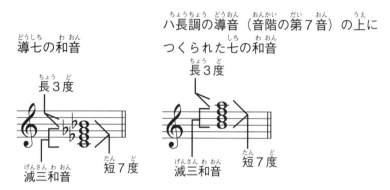

⑤減七の和音

減三和音の上に短3度を重ねた七の和音を減七の和音と言います。根音と第7音は、減7度（短7度より半音狭い）になります。不気味に響く和音で、次の和音に進もうとする強い力をもっています。

（3）九の和音（五和音）、十一の和音、十三の和音

根音から3度を4回重ねた5つの音からなる和音を、九の和音、

または五和音と言います。長3度と短3度の組み合わせで様々な種類がつくれます。このうち、古典派の音楽には、属音の上につくられる属九の和音くらいしか使われませんでしたが、時代が下ると徐々に拡大していきました。

　同じように、3度を積み重ねていくと、6つの音からなる十一の和音や、7つの音からなる十三の和音をつくることも可能です。しかし、もう一回3度を積み重ねて8つの音からなる和音をつくろうとすると、2オクターヴ上の根音に戻ってしまうため、十五の和音というものは存在しません。和音の考え方では、根音と2オクターヴ上の根音は同じ音と見なすためです。

属九の和音

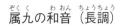

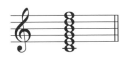

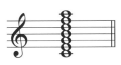

和音の機能

(1) 和音記号

　では、ハ長調の音階上に、和音をつくってみましょう。ここでは三和音を取り上げて説明しますが、七の和音も同様につくることができます。楽譜の下には、それぞれの和音の種類を示してあります。

　同様に、ハ短調の和声的短音階（→ p.72）の上に、三和音をつくってみます。

　ここに示した和音を、各調の固有和音と言い、音名の下に付けられたローマ数字を和音記号と言います。七の和音は、ローマ数字の

右下に小さい7の数字を付けて（例えばV₇のように）示します。

和音記号にはいろいろな種類があります。ここに挙げたのは、その一例です。また、和音記号は必ず調を示して使います。何調か分からないと、和音記号だけでは和音を特定できないからです。

豆知識　和音の転回

和音は、根音から3度の音を積み重ねることでつくられると説明しました。この基本形がもっとも安定感があるのですが、実際には、転回して（音の上下関係を置き換えて）、いろいろな形で使われます。

次に示すのは、ハ長調のIの和音とその呼び方の例です。

基本形　　　　第1転回形　　　　第2転回形

ハ長調：　I　　　　I¹ または I₆　　　　I² または I₄⁶

和音記号のI¹、I²は、転回形の第1、第2を表しています。

もう1つの書き方のうち、I₆の6はミから6度上のドが含まれていることを、I₄⁶の⁶₄はソから4度上のドと6度上のミが含まれていることを表しています。なお、3度上の音は数字で示しませんが、I₆はミから3度上のソも含んでいます。

(2) 主要三和音

　p.104 のハ長調とハ短調の和音の楽譜に、それぞれ四角で囲った和音が3つあります。ドとソとファのところです。この3つの和音は、主要三和音と呼ばれ、名前のとおり、重要な役割を果たしています。

　ところで、ハ長調とハ短調において、ド、ソ、ファは、それぞれ何と呼ばれる音だったでしょうか。主音、属音、下属音でしたね（→ p.70）。和音にも、これに基づいた名前が付けられています。

●Ⅰ度の（音階の第1音＝主音を根音とする）和音　**主和音**
　長 調では長三和音、短調では短三和音になります。

●Ⅴ度の（音階の第5音＝属音を根音とする）和音　**属和音**
　長 調でも短調でも長三和音になります。

●Ⅳ度の（音階の第4音＝下属音を根音とする）和音　**下属和音**
　長 調では長三和音、短調では短三和音になります。

　これら3つの和音が、それぞれグループの中心となって、次に説明するトニック、ドミナント、サブドミナントという働きをしています。トニック、ドミナント、サブドミナントは、英語で主音、属音、下属音の意味ですが、それらの和音（主和音、属和音、下属和音）の働きも指します。主和音、属和音、下属和音と共通した働きをする和音も、それぞれのグループに含まれます。

（3）和音の性格と働き

①トニック（tonic、略してTと書きます）

　　主和音（I）に加えて、主和音と共通の音を2つもつVIの和音、そして使われ方によってはIIIの和音も、このグループに属します。また、これらの三和音と同じ主音をもつI_7、III_7、VI_7の和音も、同じ働きをします。

　　主音の性格を反映して、音楽に安定感と終止感をもたらします。

②ドミナント（dominant、略してDと書きます）

　　属和音（V）に加えて、属七（V_7）の和音も、強いドミナントの役割を果たします。属和音と共通の音を2つもつVIIの和音、そして使われ方によってはIIIの和音も、このグループに属します。

　　導音の性格が影響して、トニックに向かおうとする強い引力をもっています。

③サブドミナント（subdominant、略してSと書きます）

　　下属和音（IV）に加えて、下属和音と共通の音を2つもつIIの和音も、このグループに属します。また、これらの三和音と同じ主音をもつII_7、IV_7の和音も、同じ働きをします。

　　トニックやドミナントと比べて強い引力をもっておらず、音楽に広がりや彩り、叙情性などをもたらします。

和音の働き	和音の種類
T	I 、VI 、I_7 、VI_7 、（III 、III_7）
D	V 、V_7 、VII 、VII_7 、（III 、III_7）
S	IV 、II 、II_7 、IV_7

（4）和音の連結

　説明してきたように、和音は単独でも音楽に独特の色彩を与えますが、和音が連なること（和音の連結）で、より大きなエネルギーを引き起こします。トニックが安定感をもたらすという話をしました。たとえて言えば、トニック、特に主和音は、船が波止場に泊まっている状態であり、これに別の和音をつないでいくということは、船を港から冒険の旅へと船出させるようなものです。旅を終えると、船は再び主和音という港に戻ってくるというわけです。

　和音の連結は、長調でも短調でも同様に行うことができますが、ここではハ長調を例に、最も基本的な3つの型を説明します。

①T－D－T

　トニックからドミナントに進み、再びトニックに戻るという和音の進行では、ドミナントの部分に音楽の重心がきます。よく「気をつけ！　礼！　直れ！」の合図として弾かれる3つの和音は、ドミナントがもつ、この強い引力をうまく利用しているわけですね。

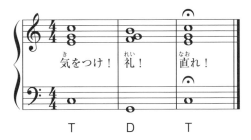

　楽譜のトニックもドミナントも基本形です。和音が基本形か転回形かを区別するときは、もっぱら最低音に和音のどの音がくるかによって判断します。この例では、トニックの最低音はド、ドミナントの最低音はソなので、基本形ということになります。

②T－S－D－T

　3つの働きを組み合わせる場合、トニックからサブドミナントに進み、ドミナントを経てトニックに戻るという順序になり、ドミナントからサブドミナントへは行かないことになっています（もちろん例外は存在します）。変化に富み、音楽を揺り動かす力が強い分、トニックで解決したという印象をもたらすことから、音楽が一段落する部分によく使われます。

　次の楽譜では4小節目の最初に主和音の第2転回形（I^2）が出てきます。I^2は、次の属七の和音（V_7）とつながってドミナントの機能をもつ、特別な使い方です。

《夏の思い出》(中田喜直作曲) 冒頭

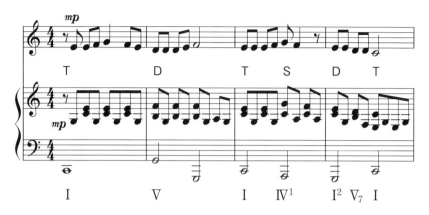

③ T－S－T

　トニックからサブドミナントに進み、ドミナントを経由しないでトニックに戻るという和音の進行では、サブドミナントの和音が広がりや情感をもたらします。強い引力は生じないため、柔らかく着地する感じがします。讃美歌の最後に唱える「アーメン」の部分で、S－Tの形が用いられています（アーメン終止とも言います）。

アーメン終止（例）

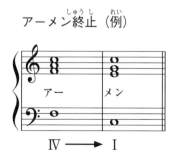

(5) 終止（形）

　文章にまとまりがあるように、音楽にもまとまりがあります。文章のまとまりは、句読点で句切られますが、音楽のまとまりであるフレーズは、和音の終止（形）を見分けることでも知ることができます。

①全終止（V（V₇）→I）

　VまたはV₇の基本形からIの基本形への進行は、終わった感じがもっとも強く出ます。p.110に載せた《夏の思い出》の楽譜では、最後の2つの和音が、この形になっています。

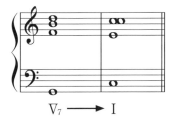

全終止（例）

V₇ ⟶ I

②偽終止（V（V₇）→Ⅵ）

　VまたはV₇からIに進むと見せかけて、Ⅵに進行すると、フェイントをかけられたような感じがするので、これを偽終止と言います。長調の場合、Iは長三和音ですがⅥは短三和音、短調の場合

には、その逆になるので、意外性が色濃く出ます。

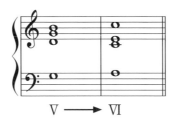

偽終止（例）

V ⟶ Ⅵ

③半終止 (→V)

　Vでフレーズがひと区切りするところ、文章で言えば読点（、）を打つようなところを、半終止と言います。V_7は、その音でとどまることができないので（第7音のファがミに向かって動こうとするため）、半終止にはなりません。

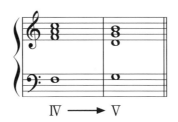

半終止（例）

Ⅳ ⟶ V

④変終止（〔V（V_7）→Ⅰ〕→Ⅳ→Ⅰ）

　いったん全終止したあと、ⅣからⅠに進む、余韻のような終わ

り方を変終止と言います。p.110の「アーメン終止」の例が、これに当たります。

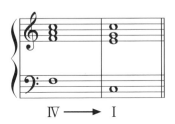
変終止（例）
Ⅳ ⟶ Ⅰ

(6) その他の和音

これまで、3度の積み重ねによる古典的な和音について説明してきました。これに対して、近現代の音楽では、異なる発想による和音が用いられることもあります。ここにその一部を紹介しましょう。

①4度と5度の積み重ねによる和音

完全4度や完全5度の重なりは、完全協和音程であり、古くから存在した響きです（→ p.125）。ベートーヴェンが交響曲第6番《田園》で用いているほか、ドビュッシーやラヴェルらが好んで用いました。

ドビュッシーの《亜麻色の髪の乙女》では、完全5度と完全4度の和音が、積み重なるように連続して使われています。

完全5度の重なり

交響曲第6番《田園》（ベートーヴェン作曲）第1楽章冒頭

完全5度の重なり

完全5度と完全4度の重なり

《前奏曲集 第1集》（ドビュッシー作曲）より
〈亜麻色の髪の乙女〉24〜25小節　〔…完全5度　（…完全4度

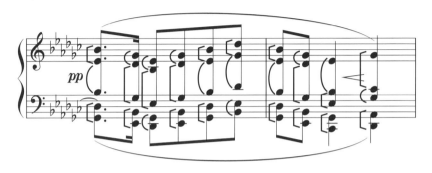

② 2度やその積み重ねによる和音

　2度は不協和音程で、特に短2度は鋭くぶつかり合う響きがするため、打楽器のような効果が得られます。また、長2度を積み重ねた和音は、全音音階に基づく和音と考えることもできます。

2度の重なり

《水の戯れ》（ラヴェル作曲）19小節

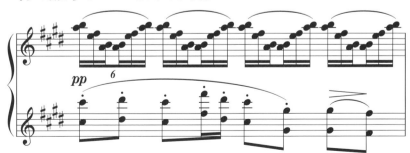

115

③十二音技法による和音

シェーンベルクが体系化したとされる十二音技法は、調性の束縛を逃れ、1オクターヴに含まれる12の音を均等に扱おうとする作曲技法です。十二音技法で作曲された曲には、主音や属音は存在しません。この技法では、初めに音列（12の音の組み合わせ）をつくり、たえずそれに基づいて作曲します。

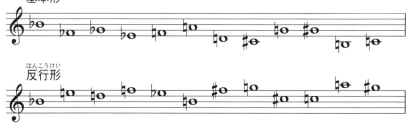

音列の例（《管弦楽のための変奏曲》作品31より　シェーンベルク作曲）
基本形
反行形

④トーン・クラスター

トーン・クラスターは、密集する音の塊を同時に演奏することを言います。考案者であるアメリカの作曲家カウエル（1897－1965）は、トーン・クラスターを「2度の和音の集合」ととらえていたそうです。

楽譜は、カウエルによって書かれたトーン・クラスターの一例で、腕で鍵盤を押さえて演奏されるピアノの楽譜です。♮では示された音域内の白鍵を、♭では黒鍵を演奏します。

トーン・クラスターが全曲にわたって用いられた有名な作品に、

ペンデレツキ（1933 −　　　）の《広島の犠牲者に捧げる哀歌》が
あります。この曲は弦楽合奏によって演奏されます。

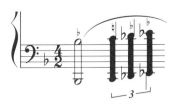

トーン・クラスターを示す楽譜の例
(《マノーノーンの潮流》21小節より
カウエル作曲)

チャレンジ！《星の世界》の和音を分析しよう

次に示す楽譜は、《星の世界》（文部省唱歌《星の界》）の旋律に、簡単な和音を付けたものです。この曲は讃美歌《いつくしみ深き》がもとになっています。そこで終わりの2小節の和音を讃美歌に特徴的な終止形にしてあります。和音の下に付けられた和音記号を参考にして、（　）の中に、T（トニック）、D（ドミナント）、S（サブドミナント）を、〔　〕の中に終止の種類を記入してみましょう。

音楽の骨組みが見えてきたでしょうか。

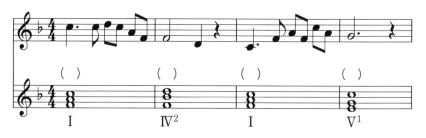

118

【答え】

最初から順番に、

(T) (S) (T) (D)

〔偽終止〕〔半終止〕〔全終止〕〔変終止〕。

コードネーム

　ポピュラー音楽などで用いられる和音の記号を、コードネームと言います。音符を書かなくても、慣れれば、記号を見て、音を思い浮かべることができるので、便利です。和音記号が、調性における相対的な和音の位置と働きを示すのに対し、コードネームは、調に関係なく、実際に何の音が鳴るのかを示します。コードネームには複数の表記法があります。これから述べるのは、おもな原則と例です。

　コードネームに書かれている情報をまとめると、次のようになります。

①和音の根音（英語でルート root と言います。以下、欧文はすべて英語です）…英語の音名で大きく表します。

②和音の種類…基本となる三和音の種類を示します。

③三和音に付け足されている音があれば、数字で示します。

④三和音の第3音を除き、そのほかの音が半音上がったり下がったりしている場合は、その音が根音から数えて何度上の音になるか、その数字を書き加え、左側に＋（もしくは♯）あるいは－（もしくは♭）を付けます。例えば、第5音が基本となる音から半音上がっている場合は＋5（♯5）、半音下がっている場合は－5（♭5）で示します。

⑤ ③以外に付け足される音があれば、重ねて示します。

①の音名は、C、D、E、F、G、A、B ですね。p.24 の一覧も参照してください。

②の三和音（トライアド triad）は、すでに勉強した4種類です。それぞれの読み方と書き方は、次のとおりです。長三和音には何も付けず、短三和音にはmを付けます。増三和音には aug（または＋）、減三和音には dim（または°）を付けます。減三和音を－5を付けて表す場合もあります（例　Cm^{-5}）。

③の三和音に付け足されている音は、七の和音（セブンス・コー

ド）の場合、次のように書き加えます。

長三和音に根音から長7度が付け足された長七の和音はmaj7（またはM7）、短7度が付け足された属七の和音は7を付けます。

短三和音に根音から短7度が付け足された短七の和音も7を付け、長7度が付け足された短三長七と呼ばれる和音はM7を付けます。さらに短七の和音の第5音が半音下がっている場合は$^{-5}$を付けます。前に説明したように、導音の上につくられる七の和音がこの和音と同じ音程関係になるので、導七の和音と呼ばれます。

減三和音に根音から減7度が付け足された減七の和音も7を付けます。

なお、ハ短調の七の和音の楽譜（→ p.124）のE♭M7^{+5}のように、第5音が半音上がっている場合は$^{+5}$を付けます。

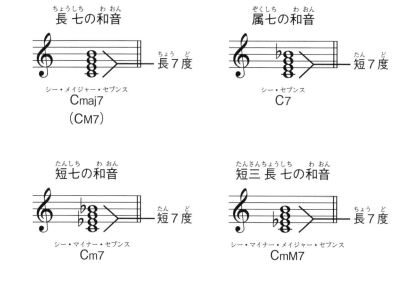

122

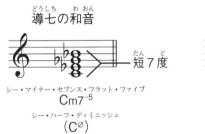
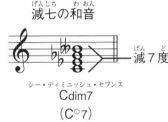

三和音に音が加わった別の例と、三和音の中の音が別の音に取って代わられた例も示しておきましょう。

例1：長三和音に根音から長6度が加わる場合

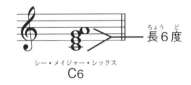

例2：掛留音（前の和音から引き伸ばされた音）がある場合

この例では、長三和音の3度の音の代わりに、掛留音の4度の音があります。このように4度掛留音を伴う場合はsus4を付けます。susはsuspended（「宙ぶらりんになっている」といった意味）の略です。掛留音は本来進むべき音に進んで解決します。

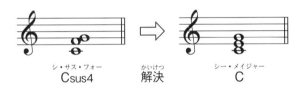

まとめとして、ハ長調とハ短調の固有和音（音階に出てくる7つの音を根音とする和音）である七の和音のコードネームを挙げます。

ハ長調の七の和音とそのコードネーム

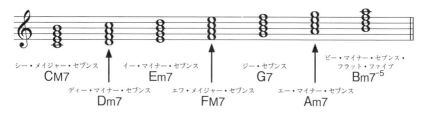

ハ短調の七の和音とそのコードネーム

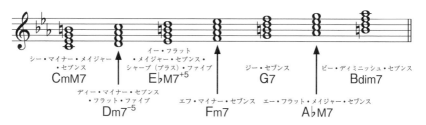

コードネームは、ここに挙げた以外にも表記法があり、国によっても異なっています。

コラム

中世の和音

　調性というしくみが確立されてからは、3度の重なりが和音の基本になったことは、すでにお話ししました。しかし、その昔、中世の頃は、完全4度や完全5度の重なりが基本でした。

　次に示す楽譜は、9世紀から10世紀初頭の『ムシカ・エンキリアディス』（ラテン語。「音楽提要」と訳されます。「提要」とは、かいつまんで述べている、という意味です）という理論書に載っていた《神に栄光あれ》という曲です。平行オルガヌムと呼ばれる音の重なり方が特徴で、おもな旋律（白い音符）の完全5度下に、オルガヌムという第2の声部（黒い音符）が添えられています。

《神に栄光あれ》（平行オルガヌムの例）

　また、教会以外で演奏される音楽を、世俗音楽と言います。中世ヨーロッパの世俗音楽では、職業音楽家が楽器を片手に単旋律の歌を披露していたことが知られています。その楽器には、バグパイプ、ハーディ・ガーディ、リュートの類などが用いられていたとされていますが、それらがドローンという持続音を出して、完全5度や完全4度の和音を奏でるしくみをもっ

ていることから、当時の人々が、この音程の響きに慣れ親しんでいたことが想像できます。

バグパイプの演奏。
『聖母マリア頌歌集』（13世紀、マドリード、エスコリアル宮殿蔵）のミニアチュールより

5. 音楽のかたち

―形式、テクスチュア、構成原理―

形式ってなぁに？

　p. 4に載せた《ふるさと》の楽譜を眺めてみましょう。

　おもな旋律に注目すると、♩♩♩♩｜♩. ♪♪｜♩♩♩♩｜♩ ♪｜

というリズムが何回も出てくることに気づきます。つまり、この曲は4小節ごとのまとまりをもっているということになります。また、このリズムは、1段目、2段目、4段目に使われていて、3段目には別のリズムが使われています。さらに、3段目では、最初の小節で、テノールとバスのパートが、ソプラノとアルトよりも1拍遅れて出るなど、ほかの段に比べて変化しています。以上のことを合わせて考えると、3段目が、この曲で最も変化する部分であることが分かります。

　音楽は、時間の芸術と言われて、鳴り響いた音は、次の瞬間には消え去ってしまいます。しかし、一連の音を聴いてまとまりを感じるとき、そこでは何かが繰り返されたり、変化したりして、私たちの心の中に音楽の形を生み出しているのです。そして、その形を知るうえで、楽譜を読むことが大きな手がかりになります。

　音楽の形式というのは、長い歴史の中で定型化されてきた、様々な音楽の形のことです。実際の曲には、例外も見られますが、音楽の形式を知ることで、その美しさやユニークさがどこにあるのかを探る手がかりが得られます。

音楽の形式

音楽の形式を考えるうえで、最も小さな単位を動機（モチーフ）と言います。動機は、一般に2小節からなり、この動機が2つつながってできたまとまりのことを小楽節と言います。

（1）リート形式

リート形式は「歌謡形式」の意味です。もともと、歌に多く見られた形式ですが、その後、器楽の小品にも用いられるようになりました。そのため、必ずしも歌の形式という意味ではありません。

①一部形式

小楽節が2つ連なったまとまりを大楽節と言い、この大楽節1つからなる形式です。小楽節aに対して、もう1つの小楽節が続いて曲を締めくくります。2つ目の小楽節は、aが少し変化するa′の場合と、まったく新しいbの場合があります。

次の例の《赤い靴》はA（a-b）の一部形式です（アルファベットの大文字は大楽節、小文字は小楽節を示しています）。

他方、《ロンドン橋落ちた》（イギリスの童謡）はA（a-a′）の一部形式です。

一部形式の例（《赤い靴》本居長世作曲）

②二部形式

大楽節2つからなる曲の形式を、二部形式と言います。

二部形式には、いろいろな形がありますが、最も典型的な二部形式はA(a–a′)–B(b–a′)となります。つまり、最初の小楽節が似た形で繰り返されたあと、まったく新しい小楽節が現れ、再び最初の小楽節に似た形で締めくくられるというものです。最後のa′が、a″やb′になることも多く見られます。

次の例の《荒城の月》はA (a–a′)–B (b–a′)の二部形式です。《春の小川》（文部省唱歌 岡野貞一作曲）もA (a–a′)–B (b–a′)の二部形式です。

A(a–a′)–B(b–a′)の二部形式のことを、A(a–a′)–b–a′の三部形式と勘違いしてしまう人がいるので、気をつけてください。なぜ、三部形式でないかは、次の三部形式の説明をお読みください。

二部形式の例（《荒城の月》滝廉太郎作曲）

この楽譜では、1つの小楽節が2小節となっています。

③三部形式

3つの大楽節からなる曲の形式を、三部形式と言います。

1つ目の大楽節Aのあとに、異なる雰囲気をもつ大楽節Bが続き、再びAまたはAに似た雰囲気の大楽節が現れて、曲を締めくくるという、ABA（もしくはABA'）の形が最も一般的です。そのほか、すべての雰囲気が異なるABC（例：《埴生の宿》ビショップ作曲）などもあります。

なお、三部形式に近い形式にバール形式（AAB）があります。A

が繰り返されたあとに異なる雰囲気のBが現れます。AABの最初のAAは2つの部分とも、1つの部分とその繰り返しともとれます。

三部形式（ABA'）の例（《家路》ドヴォルジャーク作曲）
この楽譜では、1つの小楽節が2小節となっています。

④ 小三部形式

これに対して、3つの小楽節からなる曲の形式が小三部形式です。小三部形式は、民謡や童謡など、三部形式よりも規模の小さな歌の曲に見られます。

小楽節aに対して、2つ目の小楽節に対照的なbがきて、3つ目の小楽節a（またはa'）で締めくくるというa−b−a（a'）（例：《きらきら星》フランス民謡）の形が一般的ですが、3つの異なる

小楽節からなるa−b−c（例：《かたつむり》文部省唱歌）などの形も存在します。

小三部形式の例（《きらきら星》フランス民謡）

（2）複合三部形式

これまで述べてきたリート形式がいくつか集まって、1つの曲のまとまりをなしているとき、この形式を複合形式と呼びます。

中でも、複合三部形式は最も一般的で、三部形式のA、B、Cが、それぞれ（まれにいずれかが）拡大されて二部形式か三部形式になっています。モーツァルトやベートーヴェンのメヌエット、ショパンのワルツ（例えば、作品64−1、通称《小犬のワルツ》）など、古典派以降の器楽曲によく見られます。

（3）ロンド形式

　ロンド形式は、ABACAD…Aのように、主題部分Aが、その他の部分をはさみながら、何度も繰り返される形式のことです（ここでのABC…は、必ずしも大楽節を意味するものではありません）。
　ロンドは、輪舞曲や回旋曲とも訳されるように、手をつなぎ、輪になってぐるぐる回る踊りのことですが、ロンド形式との関係はよく分かっていません。
　ロンド形式は、ABA − C − ABAという形が基本ですが、次に説明する小ロンド形式と区別して、特に大ロンド形式と呼ぶこともあ

ります。

小ロンド形式では、大ロンド形式の最後のBAが省略され、ABA－C－Aになります。ベートーヴェンのソナタ《悲愴》第2楽章や《エリーゼのために》など、なじみのある器楽曲に見られます。

もう1つ、リトルネッロ形式もまた、主題部分がその他の部分をはさんで繰り返される形式ですが、ロンド形式とは調のしくみが異なっています。ロンド形式では主題が常に主調（楽曲の中心となる主要な調）で現れるのに対し、リトルネッロ形式では、楽曲の最初と最後以外は異なる調で現れることが多いのです。

ヴィヴァルディ《四季》の〈春〉第1楽章は、リトルネッロ形式でつくられた最も有名な曲の1つで、主題部分が合奏、その他の部分が独奏楽器（群）で演奏されます。この曲の場合も、主題は6回登場しますが、そのうち3回は主調以外の調で登場します。

（4）ソナタ形式

ソナタ形式は、複合三部形式の発展形とも言える形式で、基本的には、提示部（第1主題、第2主題）－展開部－再現部（第1主題、第2主題）の形からなります。提示部をA、展開部をB、再現部をA′とすると、一種の拡大された三部形式とも考えられます。古典派の時代に完成し、調和や均整といった形式美を追究した西洋音楽の中でも、最高峰の形式の1つと言われています。また、この形式によって、ソナタや交響曲など、長大な器楽の作品をつくり

上げることが可能になりました。

　ソナタ（sonata）はもともと、イタリア語で「奏されるもの」という意味で、器楽曲のことを指し、「歌われるもの」という意味のカンタータ（cantata）と対をなす言葉でした。古典派の時代になって、（テンポが速い）急－（テンポが緩やかな）緩－急の3楽章を典型とする鍵盤楽器のためのソナタの第1楽章がソナタ形式で書かれるようになり、その後、交響曲や室内楽、協奏曲などの器楽曲の第1楽章にもソナタ形式が用いられるようになりました。

　こうして、「ソナタ」が、曲の名称と形式の名称という2つの意味をもつようになったのです。

　古典派の時代に完成したソナタは、基本的に次のような構成をもっていますが（例えば、モーツァルトのソナタ イ短調 K310の第1楽章）、時代とともに変化して、現在までの間に様々な形が生まれています。

ソナタ形式の構造例

	（序奏） ‖：提示部	：‖展開部	再現部	（コーダ）‖
長調：	主調　　　主調　→属調	転調域	主調　主調	（主調）
短調：	主調　　　主調　→平行調	転調域	主調　同主調　主調	（主調）

『新編　音楽小辞典』（音楽之友社）「ソナタ形式」の項より転載

　なお、小さなソナタという意味をもつ「ソナチネ」の第1楽章も、一般には、部分的に簡略化されたソナタ形式で書かれています。

(5) 変奏形式

　これまで述べてきたロンド形式やソナタ形式には、複合三部形式と多少なりとも共通点がありましたが、この変奏形式は、主題が次々と形を変え、つながれていくという、まったく異なる原理に基づいています。この形式に基づく曲を、「変奏曲」または「主題と変奏」と言います。

　変奏形式には、装飾的変奏や性格的変奏などがあります。

　装飾的変奏は、その名のとおり、主題を装飾する手法で変化させていくもので、旋律や和声など、主題の枠組みは大きく変わらないので、厳格変奏とも言われます。古典派の時代、特にモーツァルトは、この形式の変奏曲をよく作曲しました（例：《きらきら星変奏曲》K265）。

　これに対して、性格的変奏は自由変奏とも呼ばれ、リズムや旋律線、和声構造など、ある主題の特徴を抜き出して、自由な発想で変化させていきます。ベートーヴェンの中期以降の曲やロマン派の時代には、この形式の変奏曲が多く誕生しています（例：ベートーヴェン《ディアベッリ変奏曲》op.120）。

　なお、シューベルト作曲のピアノ五重奏曲《ます》D667 第4楽章のように、「変奏曲」や「主題と変奏」という名前でなくても、変奏形式に基づく曲が存在します。この曲は、性格的変奏と解釈できる変奏（第5変奏）を含みますが、基本的に装飾的変奏です。

テクスチュア

これまでは、時間の流れに沿って、音楽がどのように変化するかに注目しながら、音楽の形について見てきました。

次に、テクスチュアの点から、音楽の形について説明しましょう。テクスチュアとは、織物の織り方や風合いなどを意味する言葉で、音楽では、ある楽曲における、音の基本的な組み合わせ方、特に声部（パート）の重なり方を総称する言葉として使われます。

（1）モノフォニックなテクスチュア

モノフォニーは伴奏のない単旋律の音楽のことですが、そこから1つの声部しかない音楽のテクスチュアのことを、モノフォニックなテクスチュアと言います。モノは「単一の」という意味です。何人で歌ったり演奏したりしていても、皆で単一の旋律を奏でていれば、モノフォニーです。グレゴリオ聖歌や声明などの古い時代の宗教音楽、中世の世俗音楽などに見られます。

（2）ヘテロフォニックなテクスチュア

複数の歌い手や奏者が、基本的には1つの旋律を奏でるのですが、ある歌い手や奏者が、元の旋律を即興的に変形させたり装飾したり遅らせたりすることにより、他者が奏する旋律との間に、一時的

なずれが生じる状態のことをヘテロフォニーと言います。そして、そうした音楽のテクスチュアを、ヘテロフォニックなテクスチュアと言います。ヘテロは「異質な」という意味です。

雅楽や三味線音楽、ガムランなど、日本の伝統音楽やアジア地域の諸民族の音楽によく見られるほか、西洋の芸術音楽の中にも、独特の効果をねらって、ヘテロフォニーを取り入れた作品があります。

ヘテロフォニーのイメージ図

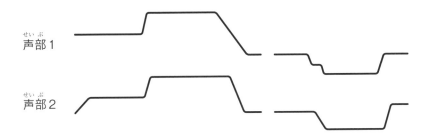

（3）ポリフォニックなテクスチュア

2つ以上の声部が、それぞれの独立性を保ちながら、美しい響きをつくっていく音楽の形態をポリフォニーと言い、そうした音楽のテクスチュアを、ポリフォニックなテクスチュアと言います。ポリは「多数の」という意味です。

ポリフォニーを形づくるための基本となるのが、複数の声部を組み合わせる対位法と呼ばれる作曲技法で、ルネサンス時代にはパ

レストリーナの声楽曲で、バロック時代にはJ. S. バッハの器楽曲で、大きく発展しました。中でも、カノンとフーガは、模倣による書法（作曲のしかた）の曲として有名で、後の様々な音楽にも取り入れられています。

カノンでは、後続する声部が、先行する声部を忠実に模倣し続けます。《かえるの合唱》や《静かな湖畔の》などで知られる輪唱は、カノンの一種と言えますが、輪唱では、後続の声部が先行する声部

カノンの例（輪唱《かえるの合唱》作曲者不詳）

を同じ高さで模倣するのに対して、カノンでは、5度や8度などの音程でも模倣するほか、先行する声部の上行を下行に、下行を上行にしたり（反行）、先行する声部を最後から逆に進んだり（逆行）して模倣します。

フーガは、最も完成された対位法による曲と言われています。

まず1つの声部で、2小節くらいの主題が提示されます。主題の最初の提示が終わると、別の声部にこの主題が現れます。これを応答と言います。応答では、主題の旋律が、5度高く（あるいは4度低く）始まったり、4度高く（あるいは5度低く）始まったりします。応答が始まると、元の声部には、対位句と呼ばれる別の旋律が現れ、和音やリズムの面で主題を補います。3つ以上声部がある場合は、その数だけ、主題や応答が繰り返されます。この部分を提示部と言います。

その後、エピソードと呼ばれる自由な部分をはさみながら、提示部が繰り返されていきます。

提示部とエピソードを繰り返したあと、曲の最後にストレットが置かれる例も多くあります。ここでは、主題が終わらないうちに、次の主題がたたみかけるように現れ、重なっていきます。ストレットは、主題を再現させるコーダで締めくくられます。この間、主題は、カノンと同様に、反行したり、逆行したり、長さが変わったりと、様々に変化することがあります。

フーガの特徴は、主題と応答、対位句などの過程にあり、特定の

形式のことを言うのではないと考えられています。声部の数は、少ないもので2つ、多いものでは5つ以上あるものもあります。主題の数は、1つの場合も、複数ある場合もあります。

ただし、フーガを学ぶために、規範フーガ（学習フーガ）と呼ばれる手本のようなフーガも存在します（図参照）。

なお、フーガの各部分には別の呼び方もあります。

主題は主唱、応答は応唱や答唱、対位句は対唱や対主題、エピソードは喜遊部や間奏、ストレットは追迫部とも呼ばれます。

規範フーガ（学習フーガ）の構造例

	第1提示部				第1エピソード	第2提示部		第2エピソード	第3提示部		ストレット
	主題	応答	主題	応答		平行調主題	平行調応答		下属調主題	下属調の平行調主題	
主調 ハ長調	ハ長調	ト長調	ハ長調	ト長調		イ短調	ホ短調		ヘ長調	ニ短調	
主調 ハ短調	ハ短調	ト短調	ハ短調	ト短調		変ホ長調	変ロ長調		ヘ短調	変イ長調	

山口博史『パリ音楽院の方式によるフーガ書法』（音楽之友社）p.16 より
表記を一部改めました。

（4）ホモフォニックなテクスチュア

1つの声部がおもな旋律を受けもち、ほかの声部が和音を中心とした伴奏を行う音楽の形態をホモフォニーと言い、そうした音楽のテクスチュアを、ホモフォニックなテクスチュアと言います。ホモは「同質の」という意味です。厳密に言うと、ホモフォニーは、すべての声部が同じリズムで動くものを意味しますが、一般的には、おもな旋律が自由なリズムをもち、伴奏を受けもつ声部のリズムは、旋律と同じとは限らないという、「旋律優位のホモフォニー」のことを指します。歌い手が旋律を担当し、楽器が和音で伴奏をする形の音楽は、このテクスチュアに分類されます。

ホモフォニーの例
（《前奏曲》作品28-15、通称〈雨だれ〉冒頭　ショパン作曲）

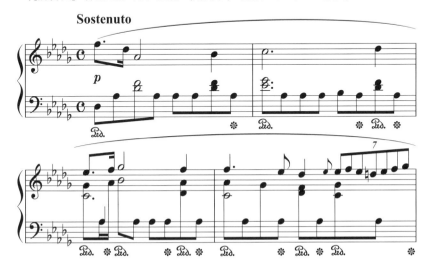

構成の原理

「作曲」は、英語でコンポジション（composition）と言います。これは、「組み立てること」「構成すること」という意味です。つまり、曲には「構成されたもの」という意味もあるのですね。

前節までは、西洋の音楽における代表的な形式とテクスチュアについて説明してきました。ここでは、その他の様式にも共通する観点として、「構成の原理」をまとめてみたいと思います。自分で曲をつくったり分析したりするときの参考にしてみてください。

（1）反復

反復は、同じリズムや旋律などのまとまりが繰り返されることです。本章では、反復が、リート形式のような単純な形式からソナタ形式などの複雑な形式にまで、幅広く取り入れられているのを見てきました。つまり、反復は曲を構成するうえで、最も基本的な原理と言うことができます。オスティナート（元はイタリア語で「執拗な」の意味）のように、曲全体あるいは楽節を通じて、1つの声部で同じリズムや旋律などが繰り返されることで、独特の雰囲気を生み出す反復もあります。

ミニマル・ミュージックと呼ばれる1960年代に生まれた音楽のように、パターン化された短い音型やリズム型を延々と反復しなが

ら、徐々に変化させていくものや、ジャズの即興演奏のように、反復するコード進行（和音の連結のこと。→ p.108）を枠組みとするものがあります。諸民族の音楽には、バリ島の「ケチャ」のように、この反復によって聴く者をトランス状態へと誘うものもあります。

　また、歌の各節の終わりで同じ旋律を繰り返すことを、リフレイン（フランス語ではルフラン）と言います。ジャズやポピュラー音楽などに多く見られます。

（2）呼応、掛け合い

　呼応は、1つの声部の呼びかけに対して、ほかの声部が模倣で応えたり、異なったリズムや旋律などのまとまりで応えたりすることを言います。フーガにおける主題と応答などは、これに当たります。古くはグレゴリオ聖歌に、この呼応の関係が見られます。詩編（旧約聖書に収められた宗教詩）に旋律を付けて歌う詩編唱は、応唱（主導的な立場にある演奏者がまず歌い、それに応答する形でほかの演奏者が歌う）や交唱（演奏者同士が代わりばんこに歌う）の形態で歌われました。アメリカの黒人教会のゴスペル音楽も、応唱が印象的ですね。合唱曲や管弦楽曲などでも、声部や楽器の間で、こうした掛け合いが頻繁に起こっています。

　ポピュラー音楽にも、ソロ同士の掛け合いが聴きどころになっているものが多くありますね。

　その他、日本の民謡では、一人と大勢が掛け合いをする「音頭一

5 音楽のかたち

同形式」や、歌と歌との合間に短い掛け声をはさむ「合の手」などの呼応がありますし、アジア地域の諸民族の音楽では、「掛け合い歌」が広く受け継がれています。

(3) 変化、対照

　変化や対照は、反復とともに、音楽に幅広く見られる構成の原理です。

　例えば、リート形式でつくられた小規模な曲の中では、a－a'のように反復する小楽節の一部を変化させたものや、a－bのように対照的な小楽節を組み合わせたものなどがありました。ソナタ形式でつくられた規模の大きな曲では、第1主題と第2主題の対照や、展開部における主題の変化なども見られました。さらに、変奏形式

のように、主題を構成する要素の一部が次々と変化していくものもありましたね。

　そのほかにも、リストのピアノ・ソナタにおける主題変容（特定の主題を楽曲の進行に合わせて自在に変化させる手法）や、ヴェーバーやヴァーグナーのオペラなどにおける、特定の動機（→ p.129）を特定の人物、事柄、心理状態などと結びつけて、音で性格を表現するライトモティーフの例があります。これらは、主題や動機を豊かに変化させながら、楽曲全体の高い統一感を保つ、高度な技法です。

（4）序破急

　最後に、日本の伝統音楽における構成の原理として、序破急を挙げておきましょう。伝統音楽の種目によって、それぞれ多少意味合いが異なりますが、静から動へ、緩から急へと、少しずつ変化していって、3つの部分を構成するという点で共通しています。

　序破急はもともと雅楽から生まれた言葉で、曲を構成している、速さやリズムが異なる3つの部分の名称（序・破・急）でした。それが後の能楽になると、速さやリズムだけでなく、作品の構成や演出のしかたも表すようになりました。

　序を導入、破を展開、急を結末として全体を構成する考え方は、音楽にとどまらず、日本の芸道や武道などに広く通ずる概念であると言われています。

147

チャレンジ！ 音楽を分析しよう

　ヴォイス・アンサンブル《野菜の気持ち》がどのように構成されているのか、分析してみましょう。ヴォイス・アンサンブルは一種の合唱です。この曲は5つのパートからなり、特定の音の高さをもたないリズムだけで構成されています。それぞれのリズムは、野菜や果物の名前のリズムになっています。

【例：A】

これまで勉強してきた形式やテクスチュア、構成の原理などの知識を使いながら、自分で分かりやすい図を工夫したり、文章で説明したりしてみてください。

●リズムの素材

・バナナ ♫　　・キャベツ ♪♫　・しいたけ ♫

・ポンかん ♩　　・ピーナッツ ♫

● まとまり① の構成

バナナ	●	・	・	・	・	・	・	・
キャベツ	・	・	・	・	・	×	▬	・
しいたけ	・	●	●	・	●	・	・	・
ポンかん	・	・	・	・	・	・	・	●
ピーナッツ	●	●	●	●	●	●	●	・

● まとまり① の特徴

・$\frac{4}{4}$、2小節のまとまり

・しいたけとピーナッツは同じリズム・パターン

・しいたけ…2拍続けたあと、1拍休んで反復

・ピーナッツ…拍を刻みながら何度も繰り返す。8拍目は休み

・キャベツ…弱拍から登場

・その他…交替で1つずつ登場

149

● A の構成

| まとまり① | まとまり① | まとまり① | まとまり① |

● A の特徴

・ まとまり① を4回反復
・ 3回目からだんだん強く

同様に E の部分の分析をしてみましょう。

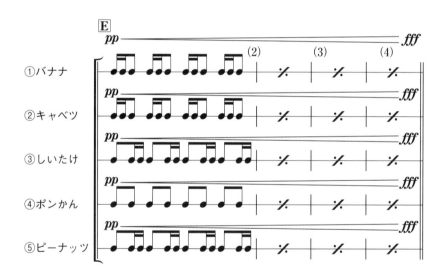

150

6. 音楽の表情

―用語と記号―

用語の言語名を示す場合、イタリア語は[伊]、英語は[英]、ドイツ語は[独]、フランス語は[仏]、ラテン語は[ラ]と略して示しています。イタリア語はあとで説明するように数が多いので、必要がある場合以外は、言語名を示していません。この章で言語名が示されていなければ、イタリア語と考えてください。

音符を補う用語や記号

　五線記譜法の発展によって、私たちは音の高さや長さ、重なりやそれらの組み合わせを、書き表したり、読み解いたりすることができるようになりました。しかし、その音を、どのくらいの速さで、どのくらいの強さで、あるいはどのような雰囲気で演奏すればよいのか、音符や休符だけで、すべてを表すことはできません。

　そこで、様々な事柄や雰囲気を伝えるための用語や記号が、五線譜に書き込まれるようになりました。それらの使われ方は、時代や作曲家によって異なりますし、絶対的なものではありませんが、これを理解することによって、表現を工夫したり、曲想を味わって音楽を聴いたりするうえで、大きな手掛かりを得ることができます。

　音符を補う用語の多くは、イタリア語です。それは、その旋律を基にポリフォニーが発展したグレゴリオ聖歌がイタリアから広まったこと、記譜法が現在の形に定着していった17〜18世紀において、音楽の中心地の1つとしてイタリアが大きな役割を果たしたこと、最初の印刷楽譜が出版されたのもイタリアであったこと（1501年）などが影響していると考えられます。

　ここでは、音楽用語や記号の最も基本的な意味を説明していきますが、もっと深く理解するためには、伊和辞典などで、その元となる言葉のニュアンスや使われ方を理解することが大切です。

速さとその変化

速さは、音楽の表情を決めるうえで、最も大きな役割を果たす要素の１つです。

（1）一定の速さを示す用語と記号

①メトロノーム記号

基準となる拍が１分間にいくつ打たれるかを、音符と数字で示す記号のことを、メトロノーム記号と言います。例えば、♩ = 60 は１分間に四分音符が 60 回打たれる速さ、つまり四分音符１つ分の長さが１秒であることを示しています。メトロノームの特許を取得したメルツェルの名を取って、M.M.=60 のように示すこともあります。

メトロノームが完成したとき、ベートーヴェンが喜んで積極的に活用したことは、コラム「テンポ（速度）の話」（→ p.39）で紹介したとおりです。

②速さを示す用語

曲の最初や曲想の変わり目で速さを示す用語を、一覧表にしました。ただし、これらの用語は、速さ以外のニュアンスも含むもので、それぞれがメトロノーム記号でいくつというような絶対的な速さを

示すものではないことに注意しましょう。また、「速さ」というのは相対的なものでもあるので、同じ用語であっても、時代や作曲家、曲によって、並び順が異なる場合があります。

用語	読み方	意味
Grave	グラーヴェ	重々しくゆるやかに
Largo	ラルゴ	幅広くゆるやかに
Adagio	アダージョ	ゆるやかに
Lento	レント	ゆるやかに
Andante	アンダンテ	ゆっくり歩くような速さで
Andantino	アンダンティーノ	アンダンテよりやや速く
Moderato	モデラート	中ぐらいの速さで
Allegretto	アレグレット	やや速く
Allegro	アレグロ	速く
Animato	アニマート	元気に速く
Vivace	ヴィヴァーチェ	活発に速く
Vivo	ヴィーヴォ	生き生きと速く
Presto	プレスト	急速に

遅く

↑

中庸

↓

速く

速さを示す用語は、曲の冒頭に示されるとき、大文字から始まる

154

ことが多く見られます。

Allegretto は、Allegro に -etto という接尾辞が加わることによって、もともとの「速く」という意味が弱められています。同様に Andantino は Andante に -ino が加わることで、元の「ゆっくり歩くような速さで」という意味が弱まっています。

そのほか、poco（少し）、un poco（やや少し）、ma non troppo（しかしはなはだしくなく）などの言葉を補って、加減の程度を示す方法もあります。poco allegro（少し速く）や adagio ma non troppo（ゆるやかに、しかしはなはだしくなく）のように使います。

（2）速さの変化を示す用語、速さと強さの変化を示す用語など

曲想が変化する場所や、フレーズの途中で、速度を変化させたいときにも、様々な用語や記号が使用されます。この中には、allargando（強くしながらだんだん遅く）のように、速度と強弱をあわせて変化させるものも含まれます。また、tempo rubato（テンポを柔軟に伸縮させて）や in tempo（正確なテンポで）のように、速さに関する演奏上の指示を示す用語もあります。

155

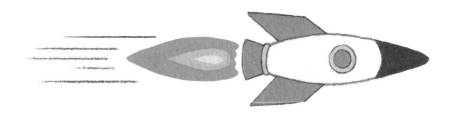

用語	略記	読み方	意味
più mosso		ピウ・モッソ	今までより速く
meno mosso		メーノ・モッソ	今までより遅く
ritenuto	riten.	リテヌート	すぐに遅く
ritardando	rit. ／ ritard.	リタルダンド	だんだん遅く
allargando	allarg.	アッラルガンド	強くしながらだんだん遅く
smorzando	smorz.	ズモルツァンド	弱くしながらだんだん遅く
rallentando	rall.	ラレンタンド	だんだんゆるやかに

accelerando	accel.	アッチェレランド		だんだん速<はや>く
con moto		コン・モート		動<うご>きをつけて
stringendo	string.	ストリンジェンド		だんだんせきこんで
ad libitum [ラ]	ad lib.	アド・リビトゥム	アド・リブ	自由<じゆう>に
tempo rubato		テンポ・ルバート		テンポを柔軟<じゅうなん>に伸縮<しんしゅく>させて
in tempo		イン・テンポ		正確<せいかく>なテンポで
tempo giusto		テンポ・ジュスト		正確<せいかく>なテンポで
a tempo		ア・テンポ		もとの速<はや>さで
tempo primo	tempo I	テンポ・プリモ		最初<さいしょ>の速<はや>さで
L'istesso tempo		リステッソ・テンポ		同<おな>じ速<はや>さで

6 音楽の表情

　più は「今<いま>までより多<おお>く」、meno は「今<いま>までより少<すく>なく」という意味<いみ>の言葉<ことば>なので、「速<はや>く」を意味<いみ>する形容詞<けいようし>の mosso と結<むす>びつくことで、più mosso は「今<いま>までより速<はや>く」、meno mosso は「今<いま>までより遅<おそ>く」という意味<いみ>になります。

　a tempo は一度<いちど>変更<へんこう>したテンポ（速<はや>さ）をもとに戻<もど>す指示<しじ>です。

157

tempo primo も同じような意味ですが、a tempo が一時的に変化した直前のテンポに戻るのに対し、tempo primo は曲の最初のテンポに戻るときに使います。tempo rubato では、強調する部分をたっぷり演奏し、その前後を速めに演奏するなどして、全体としては in tempo のときと演奏時間があまり変わらないようにします。

L'istesso tempo は、曲の途中で拍子が変わったとき、1拍の単位が、例えば四分音符から付点四分音符に変わっても、速さは同じに保つ（後ろの ♩.＝前の ♩）ことを示しています。$\frac{2}{4}$（$\frac{2}{♩}$）から $\frac{6}{8}$（$\frac{2}{♩.}$）になる場合、基準になる音符は ♩ から ♩. へと変化しますが、拍を刻む間隔は変化しないということです。

L'istesso tempo による速さの考え方（例）

強弱とその変化

　強さも速さと同様に、音楽の表情を決定づける大きな要素です。
　バロック時代までは、強弱を示す記号や用語を楽譜に書き添えることは珍しく、合奏曲におけるグループの対比や、オルガンのストップ（音色を選択する装置）による対比の効果を示す場合などに限られていました。強弱記号が精密に書き込まれるようになるのは、古典派の作曲家、特にベートーヴェンからです。

音の強さを示す用語と記号

①強弱を示す記号

　基本となる記号は、「弱く」を意味する p と、「強く」を意味する f の2つです。これを変化させて、幅広い強弱を示します。強弱に関する記号を、音の弱い方から順番に並べてみましょう。

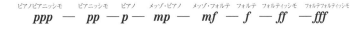

　ppp はピアニッシッシモ、fff はフォルティッシッシモのように、p や f の数が増えるごとに「シ」を1つ増やして読む方法もありますが、イタリア語の文法にはない使い方だそうです。また、それぞ

れの記号が絶対的な音量を示しているわけではなく、一部の現代音楽を除いて、作曲家がイメージした音のエネルギーを相対的に示していると考えた方がよいでしょう。チャイコフスキーの《悲愴》では、*pppppp* や *ffff* が使われています。

　強弱を示す記号を見ると、つい反射的に強い音や弱い音を出そうとしがちですが、強弱は、速さと同様、あくまでも相対的なものなので、前後を見通したうえで強弱を決めることが大切です。例えば、*f* と書かれていても、それが *p* の前に書かれているのか *ff* の前に書かれているのかで、意味合いが変わってくるのです。

　それから、*p* には、もともとイタリア語で「ゆっくりと」や「静かに」という意味があるように、音の強さだけではなく、音色や雰囲気なども示していることがほとんどです。声部ごとに異なる強弱記号が示されることもありますので、演奏するときには、記号が付いている場所を注意深く観察して、どのような響きが求められているのか、イメージを膨らませましょう。

　ちなみに、現在、「ピアノ」という名で親しまれている鍵盤楽器は、小さい音も大きい音も出せるという意味で「ピアノフォルテ」などと呼ばれていたもので、略すときには、pf. と書きます。

②強弱の変化を示す用語と記号

　楽器が発達し、微細な強弱の変化が出せるようになるにつれて、細かな指示が楽譜に書き込まれるようになっていきました。

用語・記号	略記	読み方	意味
crescendo	cresc.	クレシェンド	だんだん強く
decrescendo	decresc.	デクレシェンド	だんだん弱く
diminuendo	dim.	ディミヌエンド	だんだん弱く

強弱の変化や速さの変化を示す言葉の前や後ろに poco a poco の語を添えると、「少しずつ」という意味が加わります。例えば、poco a poco cresc.（少しずつだんだん強く）、poco a poco rit.（少しずつだんだん遅く）のように使われます。

③特定の音の強弱、または突然の変化を示す用語と記号

用語・記号	略記されている元の単語	読み方	意味
sf ／ *sfz*	sforzando sforzato	スフォルツァンド スフォルツァート	特に強く
fz	forzando forzato	フォルツァンド フォルツァート	特に強く
rf ／ *rfz*	rinforzando	リンフォルツァンド	急に強く
subito piano （*p*）		スービト・ピアノ	急に弱く

6
音楽の表情

イメージ

発想を示す用語

　音楽を聴いて、ぞくっとしたり、激しさや穏やかさ、喜怒哀楽などを感じたりしたことがあるでしょう。こうした音楽のイメージを言葉で指示するものを、発想を示す用語と言います。

　その多くがイタリア語ですが、ドイツ語やフランス語など、作

曲家の母国語が用いられることもあります。日本の作曲家による合唱曲などでは、日本語もよく用いられていますよ。

用語	略記	読み方	意味
agitato		アジタート	激しく
alla marcia		アッラ・マルチャ	行進曲ふうに
amabile		アマービレ	愛らしく
appassionato		アパッショナート	熱情的に
brillante		ブリッランテ	はなやかに
cantabile		カンタービレ	歌うように
capriccioso		カプリッチオーソ	気まぐれに
comodo		コモド	気楽に
con brio		コン・ブリオ	生き生きと
con fuoco		コン・フオーコ	熱烈に
dolce		ドルチェ	甘くやわらかに
doloroso		ドロローソ	悲しげに
energico		エネルジコ	精力的な
espressivo	espr. espress.	エスプレッシーヴォ	表情豊かに

6 音楽の表情

feroce		フェローチェ	野性的に激しく
giocoso		ジョコーソ	おどけて愉快に
grazioso		グラツィオーソ	優雅に、優美に
leggero leggiero		レッジェーロ	軽く
maestoso		マエストーソ	荘厳に
pesante		ペサンテ	重く
risoluto		リソルート	決然と、きっぱりと
scherzando		スケルツァンド	おどけて
semplice		センプリチェ	単純に
sostenuto	sost. sosten.	ソステヌート	音の長さを十分に保って
tranquillo		トランクィッロ	静かに

alla marcia の marcia は「行進曲」の意味。英語では march ですね。
con fuoco の fuoco は「火」を意味します。

164

奏法上の用語と記号

(1) アーティキュレーションなど

　音と音のつなげ方や切り方、力のかけ方や抜き方などを工夫することによって、様々な表情を生み出す演奏技術のことを、アーティキュレーションと言います。

　アーティキュレーションには、音節や単語をはっきりと区別できるように発音する、という意味もあります。深い所で言葉と密接に対応していたバロック時代の器楽では、アーティキュレーションが音楽の表情を決定づけるうえで、装飾音（→ p.172）とともに大きな役割を担っていました。

　アーティキュレーションをはじめとする奏法上の用語や記号の使い方には、スラーとスタッカートなど、一見相反するような複数の記号を組み合わせたものも見られます。そこから作曲者の求める微細なニュアンスをくみ取ろうと努力することが大切です。

用語・記号	略記	読み方 （　）内は原語	意味
		スラー（slur ［英］）	高さの異なる複数の音をなめら

			かに（レガート演奏の指示）
		タイ（tie［英］）	隣り合った同じ高さの音符をつなぎ、1つの音にして演奏する
legato		レガート	なめらかに
	stacc.	スタッカート（staccato［伊］）	音を短く切って
		メッゾ・スタッカート（mezzo staccato［伊］）	音を適度に切って
		スタッカティッシモ（staccatissimo［伊］）	音をきわめて短く切って
		テヌート（tenuto［伊］）	音の長さを十分に保って
		アクセント（accent［英］）	めだたせて、強調して
		アッチェント（accento［伊］）	めだたせて、強調して（より強調して）

			めだたせて、強調して（膨らみのある音で)
marcato	marc.	マルカート	はっきりと
portamento	port.	ポルタメント	ある音から、徐々に音の高さを変えながら、なめらかに次の音に移る
glissando	gliss.	グリッサンド	高さの異なる2つの音の間を滑るように演奏する
		フェルマータ (fermata［伊])	音符（休符）をほどよく延ばす。複縦線の位置に置かれた場合は、Fine (→ p.169) と同じく、「終わり」の意味です

6 音楽の表情

フェルマータは、もともと「止まる」という意味です。ただし、「ずっと停止」ではなく、「一時停止」。ちなみに、イタリアでは、バス停に FERMATA と書かれているそうですよ。

167

（2）反復記号

　曲の全体あるいは一部分を繰り返して演奏することを示す記号を、反復記号と言います。

用語・記号	略記されている元の単語	読み方	意味、演奏のしかた
‖:		リピート（・マーク）	繰り返しの始まりを示す。曲を最初から繰り返す場合は省略される
:‖		リピート（・マーク）	ここから‖:または最初に戻って繰り返す（回数の指示がなければ1回）
:‖:			:‖と‖:を同時に示す場合の記号
1. 2.		一番かっこ 二番かっこ	‖: :‖ によって繰り返すとき、最後が1回目と2回目で異なる場合に、1回目は一番かっこのみ、2回目

			は二番かっこのみを演奏する
D.C.	da capo	ダ・カーポ	曲のはじめに戻って、曲の終わり、または Fine のところまで繰り返す
D.S.	dal segno	ダル・セーニョ	𝄋 の記号まで戻り、そこから Fine または ⌢ まで演奏する
𝄋	segno	セーニョ	D.S. から戻って繰り返す位置を示す
vide［ラ］		ヴィーデ	「見よ」の意味。vi-de のように分けて書き、vi からただちに de の場所に移るとき用いる
⊕		（コーダ・マーク）	次の ⊕ までとばす
Fine		フィーネ	終わりの意味（複縦線の上の ⌢ と同じ意味）

capo は「頭」、da capo で「頭から」、つまり「最初へ（戻る）」の意味になります。segno は「記号」、dal segno で「記号から」、

つまり「𝄋へ（戻る）」の意味になります。𝄋は segno の頭文字 s
を図案化したものです。

反復記号を用いた例

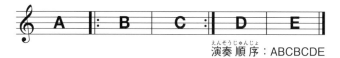
演奏順序：ABCBCDE

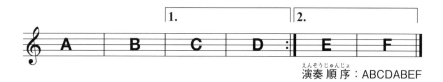
演奏順序：ABCDABEF

演奏順序：ABCDEABC

演奏順序：ABCDEFCD

演奏順序：ABCDABEF

チャレンジ！ 反復記号をマスターしよう

1. 次に示す楽譜の演奏順を考えてみましょう。

楽譜1

答え　A→B→C→D→B→C→D→E→F→G→E→F→G→H

楽譜2

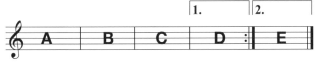

答え　A→B→C→D→A→B→C→E

2. 次の演奏順になるように、反復記号と小節線を書き込んでみましょう。

演奏順　A→B→C→D→E→F→B→C→G→H（終わり）

答え（例）

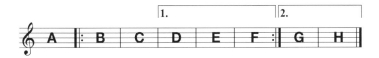

（3） 装飾音

　旋律を飾るために付け加える音を装飾音と呼びます。装飾音は、記号や小さな音符で示されます。

　装飾音は、音を飾るものではありますが、時代や楽器によって役割が少し異なります。例えば、バロック時代の鍵盤楽器では、強い音の印象を出したいときに、トリルなどの装飾音をたくさん用いていました。

　基本的な記号や装飾音は次のとおりです。これらは、単独で用いられるほか、組み合わせて用いられることもあります。装飾音の演奏のしかたは時代によって違う場合もありますし、演奏者の判断に任されている場合もあります。

装飾記号と装飾音

記号・装飾音	読み方 （　）内は原語	演奏のしかた（一例）
∿	プラルトリラー （Pralltriller[独]）	主要音（記号の付いている音）と2度上の補助音とを1回、素早く交互に演奏して音をゆらす

♪♪	モルデント (Mordent [独])	主要音と2度下の補助音とを1回、素早く交互に演奏して音をゆらす
∾	ターン（turn [英]）	2度上の音－主要音－2度下の音－主要音の順に素早く演奏して音をゆらす
∾ ⌇	転回ターン、 逆ターン (inverted turn [英])	2度下の音－主要音－2度上の音－元の音の順に素早く演奏して音をゆらす
tr tr∿∿∿	トリル（trill [英]）	2度上の音と主要音とを素早く交互に演奏して音をゆらす。波線を伴うことが多く、プラルトリラーよりも長く演奏する

6 音楽の表情

	アルペッジョ （arpeggio [伊]）	和音の各音を下から順番に弾く
		和音の各音を上から順番に弾く
	トレモロ （tremolo [伊]）	同じ音を急速に反復して演奏する。tremolo は「振動」の意味。音を繰り返して震わせます
		2音を急速に反復して演奏する
	長　前打音	
	短前打音	または あとに示した演奏例では、先行する拍から音価（音の長さ）を分けてもらっています

（楽譜）	複前打音 （ふくぜんだおん）	（楽譜） または（楽譜） あとに示した演奏例では、先行する拍から音価を分けてもらっています
（楽譜）	後打音 （こうだおん）	（楽譜）

　イタリア語ではハープのことを arpa、ハープを弾くことを arpeggiare と言います。ハープは、和音の各音を同時にではなく、分散させて順番に弾く演奏法が印象的ですね。arpeggio という言葉はそこから来ています。

　前打音を表す小音符は、演奏のしかたの例のように、拍に合わせて演奏する場合と、拍より前に出して演奏する場合があって、時代や作曲家、曲によって異なります。

（4）奏法

　楽器には、それぞれ特有の奏法があります。ここでは、ピアノと弦楽器、管楽器、打楽器などの記号と基本的な演奏のしかたをまとめています。

6 音楽の表情

【ピアノ】

用語・記号	略記	読み方 （　）内は原語	演奏のしかた
𝄓.	ped.	ペダル（pedal [英]）	ダンパー・ペダル（右のペダル）を踏む
✳			ダンパー・ペダルを離す
una corda	u.c.	ウナ・コルダ	弱音ペダルを踏む
tre corde	t.c.	トレ・コルデ	弱音ペダルを離す
mano destra	m.d.	マーノ・デストラ	右手で
mano sinistra	m.s.	マーノ・シニストラ	左手で

　ピアノには弦の振動を止めるダンパーという装置が1音ごとに付いています。ダンパー・ペダルを踏むと、すべてのダンパーが弦から離れ、音が響く状態になります。弦の数は中音域以上は1音に対して3本、低音域では2本、最低音域では1本になっています。
　弱音ペダルとは、グランド・ピアノでは「シフト・ペダル（またはソフト・ペダル)」、アップライト・ピアノでは「ソフト・ペダル」と呼ばれる左のペダルを指しています。これらは、構造が異なっていて、シフト・ペダルは、ペダルを踏むとハンマー（弦を直接打つ部分）が横にずれて、打つ弦の数が減ったり、ハンマーの端でたたくことになったりするのに対して、ソフト・ペダルではハンマー

が弦に近づいて、近い位置から弦を打つので音が弱くなるというしくみになっています。

　una corda は「1 本の弦」、tre corde は「3 本の弦」という意味で、グランド・ピアノの弱音ペダルを踏んだ場合と離した場合に対応しています。

　また、鍵盤楽器のために大譜表で書かれた楽譜の場合、通常、高音部譜表（ト音譜表）は右手で、低音部譜表（ヘ音譜表）は左手で弾きますが、音域を超えて、右手で弾いてほしいときに m.d. の記号を、左手で弾いてほしいときに m.s. の記号を用います。

【弦楽器】

用語・記号	略 記	読み方 （ ）内は原語	演奏のしかた
⊓		ダウン・ボウ (down-bow [英])	下げ弓で
⋁		アップ・ボウ (up-bow [英])	上げ弓で
pizzicato	pizz.	ピッツィカート	弓を使わずに、指で弦をはじく

6
音楽の表情

177

col legno		コル・レーニョ	弓の背中の木の部分で弦を叩いて（または擦って）演奏する
arco		アルコ	ピッツィカートなど弓を使わない奏法のあと、再び弓を使って演奏する。アルコは「弓」の意味
♩		フラジョレット (flagioletto [伊])	弦の1点に左手の指を軽く触れて、右手の弓を使い、特定の倍音のみを鳴らす。この演奏法は「ハーモニクス」(harmonics [英]) とも言います
con sordino	con sord.	コン・ソルディーノ	弱音器を付けて演奏する
senza sordino	senza sord.	センツァ・ソルディーノ	弱音器を外して演奏する

　フラジョレット、con sordino、senza sordino は、管楽器でも同様の意味に用いられます。

　ただし、管楽器のフラジョレットは、弦楽器と異なり、息の吹き込み方や音孔（指穴）の押さえ方で特定の倍音を出します。

178

sordino はイタリア語で「弱音器」の意味です。ヴァイオリンでは木製の小片を駒に付け、トロンボーンなどの金管楽器では、カップ型の器具を楽器の先の開いた部分に挿入します。

【管楽器】

用語	読み方	演奏のしかた
mute［英］	ミュート	弱音器を付けて演奏する。mute も英語で「弱音器」の意味です
mute off ／ open［英］	ミュート・オフ／オープン	弱音器を外して演奏する

【打楽器ほか】

用語	略記	読み方	演奏のしかた
laissez vibrer ［仏］	l. v.	レセ・ヴィブレ	鳴らしたままで（振動を止めない）。laisser は「～のままにする」、vibrer は「振動する」を意味し、laisser vibrer で「振動するままにする」の意味になります
secco	sec.	セッコ	歯切れよく切って（振動を止める）

6 音楽の表情

(5) 省略法、その他

音符や休符を読み取りやすくするために、省略法を用いることがあります。このときに用いられる記号を省略記号と言います。

その他、楽器や声による演奏のしかたと関連する表記方法を、下に示しました。

用語・記号	読み方	演奏のしかた
$8 ／ 8^{va}$ （音符の上）	オッターヴァ	元の音から1オクターヴ（完全8度）高く演奏する
8va alta	オッターヴァ・アルタ	
$8 ／ 8^{va}$ （音符の下）	オッターヴァ	元の音から1オクターヴ（完全8度）低く演奏する
8va bassa	オッターヴァ・バッサ	
simile	シーミレ	前と同様に続けて。前と同様に続ける指示で、simileは「同様に」の意味。続ける対象はピッツィカートのような奏法だったり、フォルテのような音の強さだったり、様々です

180

／		前の拍を繰り返して演奏する
⁒		前の1小節を繰り返して演奏する
⁒⁒		前の2小節を繰り返して演奏する
2 (長休符記号)	長休符	数字の小節分休む
sotto voce	ソット・ヴォーチェ	静かに抑えた声で
mezza voce	メッザ・ヴォーチェ	柔らかくほどよい強さの声で

クイズ

右ページのイラストの作曲家は誰で
しょう？

横の数字は作曲家が生まれた年です。

答えは p.197 の下に出ています。

音楽史年表

- この年表は本文に関連する事項が中心になっています。
- 西洋の時代区分は、西洋音楽史の時代区分です。
- 日本の時代区分は、日本史の時代区分です。
- 年表のあとに、西洋音楽の各時代の特徴をまとめました（→ p.188）。

世紀	紀元前	紀元後 1－4	5	6	7	8	9	10	11	12	13
時代	古代					中世					

音楽のできごと（西洋）

グレゴリオ聖歌(モノフォニーの代表的な音楽)

オルガヌム（ポリフォニーのはじまり）

ノートル・ダム楽派

レオナン
（1150 年代 -1201 頃活躍）

トルバドゥールなどの活躍

ピュタゴラス（前 6 世紀後半 - 不明）

グイード・ダレッツォ
（991 ～ 92 頃 -1033 以降）

アウグスティヌス『音楽論』（387） ドレミ唱法

ボエティウス『音楽教程』（6 世紀初め）

『ムシカ・エンキリアディス』
（9 世紀後半 -10 世紀初頭）

ギリシャの文字譜 線なしネウマ譜

譜線付きネウマ譜

音楽のできごと（日本）

仏教音楽の伝来

伎楽伝来（612）

音楽や舞踊をつかさどる機関、雅楽寮設置（701）

声明の定着

雅楽の日本化

時代	縄文・弥生		古墳			奈良	平安				鎌倉
世紀	紀元前	紀元後 1－4	5	6	7	8	9	10	11	12	13

14	15	16	17

	ルネサンス	バロック

ポリフォニーと対位法の発展
フランドル楽派
ジョスカン・デプレ
(1450頃から55頃-1521)

通奏低音の流行
調性音楽の確立へ
拍子の明確化
器楽の発展
オペラの誕生
オーケストラの誕生

パレストリーナ (1525/26-94)
モンテヴェルディ (1567-1643)
リュリ (1632-87)

宮廷バレエの隆盛

ヴィヴァルディ
(1678-1741)
ヘンデル
(1685-1759)
J. S. バッハ
(1685-1750)

タブラチュア（奏法譜）
ザルリーノ『和声教程』(1558)

活版印刷による楽譜の登場 (1473)
活版印刷による楽譜の出版 (1501)
楽譜が現在の形に定着へ

初の公開演奏会 (1672、ロンドン)

クラヴィコードの登場
オルガンの黄金時代
ハープシコードの登場
ヴァイオリンの登場
ヴァイオリンの完成

平家（平家琵琶）の隆盛
能の完成
観阿弥 (1333-84)
世阿弥 (1363?-1443)

人形浄瑠璃の誕生
歌舞伎の誕生 (1603)
地歌の誕生

箏曲の誕生

ザビエルにより
キリスト教伝来。
グレゴリオ聖歌
伝わる(1549)

生田検校
(1656-1715)
が箏曲の流派、
生田流を創始

三味線の伝来　八橋検校
(1614-85)

室町	安土桃山	江戸

14	15	16	17

音楽史年表

世紀	18		19
時代	バロック	古典派	ロマン派
音楽のできごと（西洋）	交響曲の確立　ソナタ形式の完成 ハイドン（1732-1809） モーツァルト（1756-91） ベートーヴェン（1770-1827） ヴェーバー（1786-1826） シューベルト（1797-1828） ラモー『和声論』（1722） ピアノの発明		文学や絵画と結びついた標題音楽と、音楽だけで音の世界をつくりあげる絶対音楽の概念が誕生 メンデルスゾーン（1809-47） ショパン（1810-49） シューマン（1810-56） リスト（1811-86） ヴァーグナー（1813-83） ブラームス（1833-97） ムソルグスキー（1839-81） チャイコフスキー（1840-93） ドヴォルジャーク（1841-1904） シューマンが音楽雑誌を創刊（1834） メトロノーム特許（1816） 管楽器の改良
音楽のできごと（日本）	人形浄瑠璃の隆盛 黒沢琴古（1710-71）が尺八の流派、琴古流を創始 長唄の発展 山田検校（1757-1817）が箏曲の流派、山田流を創始		
時代	江戸		
世紀	18		19

		20	21
		20 世紀	21 世紀

交響詩　　　　　　　　　　　　　　調性的な和声法からの脱却

国民楽派　　　　　　　印象主義　　新古典主義　　電子音楽
　　　　　　　　　　　　　　　　十二音技法　　　　ミニマル・ミュージック

マーラー（1860-1911）
　ドビュッシー（1862-1918）
　　ジャック＝ダルクローズ　　　　ショスタコーヴィチ（1906-75）
　　（1865-1950）　　　　　　　　　メシアン（1908-92）
　　　　シェーンベルク　　　　　　ケージ（1912-92）
　　　　（1874-1951）　　　　　　　　シュトックハウゼン（1928-2007）
　　　　　ラヴェル（1875-1937）　　　　ライヒ（1936-　　）
　　　　　　バルトーク（1881-1945）
　　　　　　　ストラヴィンスキー（1882-1971）
　　　　　　　　カウエル（1897-1965）
　　　　　　　ガーシュイン（1898-1937）

ハンスリック『音楽美について』（1854）

　　　　　　　　　　　　　　　　　　　　LP レコードの登場（1948）
　　　　　　　　　　　　　　　　　　　　　　CD の登場（1982）

　　　　　　　　　　　　　　　　　　　　　　インターネット
　　　　蓄音機の発明（1877）　　テルミン（1920 発表）　配信の普及
　　　　　　　　　　　　　　　　　　　　シンセサイザーの開発

西洋音楽の受容　　　　　　　　童謡運動のはじまり（1918）
　《君が代》の作曲（1880）　　新交響楽団設立（1926）
　　　　　　　　　　　　『尋常小学唱歌』発行（1911-14）
滝廉太郎（1879-1903）　　《ふるさと》
　　山田耕筰（1886-1965）
　　　　宮城道雄（1894-1956）　　　　　　　　　　　ボーカルシ
音楽取調掛の設置（1879）　　　　　　　　　　　　ンセサイ
　　音楽取調掛を東京音楽学校に改称（1887）　　ザーの普及
『小学唱歌集』発行（1882-84）　　　　　　　　　　カラオケの流行

	明治	大正	昭和	平成
			20	21

西洋音楽の歴史

音楽のはじまり

　芸術的な営みのはじまりは5万年以上前に遡るとも言われています。音楽では、4万3千年前に作られた笛らしきものが発見されているほか、約3万6千年前の笛は楽器であることが確認されています。いずれも人類の歴史のうち最も古い旧石器時代に属します。

古代の音楽

　シリアで発掘された粘土板（紀元一千年以前）に、礼拝の歌らしきものが文字で刻まれています。古代イランでも、紀元前からハープをはじめ多くの楽器が使われていたことが知られています。古代ギリシアでは、豊かな文明が発達し、音楽は社会や宗教、神話などと密接に結びつき、プロの音楽家が存在していました。また、音楽は数に関する学問と考えられ、音階の考え方が確立しました。ハープに似たリラとキタラ、2本の管からなるアウロス、パイプ・オルガンの先駆けのヒュドラウリスなどの様々な楽器が使われており、これらの楽器は、すべて古代ローマに伝わっています。

ギリシア彫刻《アウロスを吹く女》(紀元前460－450頃、ローマ、国立博物館蔵)

中世の音楽

　中世を代表する音楽の1つは、グレゴリオ聖歌をはじめとするキリスト教の礼拝の歌です。当初はヨーロッパ各地に特有の聖歌が存在していましたが、グレゴリオ聖歌が徐々に普及していきました。11世紀半ば、グイード・ダレッツォという修道士が、4本の線の上に四角い音符を書くという方法の成立に貢献し、楽譜に音高が明示されるようになりました。聖歌隊が短期間で聖歌を覚えられるようにドレミ階名唱の原型を広めたのも彼の功績です。12世紀には、ノートル・ダム楽派と呼ばれる音楽家たちが、初期のポリフォニー

であるオルガヌムを発展させました。教会以外では、トルバドゥールやトルヴェールなどの詩人の詩に旋律が付されるなど、世俗音楽が発展しました。弓で演奏する弦楽器のフィドルや、管楽器のリコーダーなど、様々な楽器が用いられていました。

フランスのミニアチュール《本を見て歌う聖職者たち》(14世紀末、パリ、国立図書館蔵)

ルネサンスの音楽

　ルネサンス期には、15世紀中頃から16世紀後半にかけて、フランドル楽派と呼ばれる音楽家たちの活躍が目覚ましく、そのポリフォニー音楽は全ヨーロッパに大きな影響を及ぼしました。カトリック教会の典礼の音楽であるミサ曲やモテット（宗教的な内容の、複数の声部をもつ声楽曲）と、宮廷の行事や貴族の娯楽のため

190

の世俗曲とが、互いに影響し合いながら発展しました。教会音楽では、ポリフォニーが複雑化し、歌詞が聞き取れず、1545年から63年に開かれたトリエントの宗教会議で過剰なポリフォニーが禁止されたほどでした。器楽では、舞曲や、声楽曲を編曲したものなどが、鍵盤楽器や、洋梨のような形の胴が印象的な弦楽器のリュート、小編成の合奏で演奏されました。16世紀末にはオペラの創作も試みられています。

女性の半身像の画家《合奏》(1530－40頃、ローラウ城美術館蔵)。中央の女性がフルートを、向かって右側の女性がリュートを演奏しています。描かれている楽譜は、フランスの作曲家セルミジ(1490頃－1562)のシャンソン(歌)です。

バロックの音楽

音楽史の上でバロック時代は、オペラの成立期 (1600) から

J. S. バッハの没年(1750)までを指します。バロックは、「いびつな真珠」を意味するポルトガル語 barroco に由来すると考えられています。しかし、音楽を聴くときに、特にその言葉にこだわる必要はありません。

　この時代、宮廷、教会、劇場を中心に、声楽ではオペラやカンタータ(複数の楽章をもつ声楽曲)が盛んにつくられ、器楽ではソナタ(複数の楽章をもつ器楽曲)をはじめとする合奏の形式が発展しました。

オリヴェーロ《フェーロのオペラ〈アルサーチェ〉の舞台》部分
(1740、トリノ市立博物館蔵)

この時代の音楽は、速度や強弱、音色などに劇的な対比が見られ、類型化された人間感情の表出に特徴があると言われています。また、長調と短調に基づく調性がしだいに確立されていき、通奏低音（演奏者が、与えられた低音上に即興で和音を補いつつ伴奏をする技法）が広まりました。

古典派の音楽

古典派の古典は英語で言うとクラシック。わたしたちが西洋の芸術音楽をクラシック音楽と呼ぶのは、ここから来ています。クラシックには「優れた、模範的な」という意味が込められています。

古典派の音楽を代表する作曲家と言えば、やはりウィーンで活躍したハイドン、モーツァルト、そしてベートーヴェンでしょう。

この時代（18世紀後半から19世紀初頭）の音楽では、均整のとれた形式的な美と合理的な展開が追究されました。

ソナタ形式が確立し、数多くの交響曲や弦楽四重奏曲、ソナタ（ソナタ形式の楽章を含む、複数の楽章からなる器楽独奏曲）などが生まれます。

また、市民階級の台頭によって主要な都市で公開演奏会が開かれるようになり、楽譜の出版や貴族の子弟へのレッスンなども、音楽家の収入源となっていきました。

ヴィーガント《ハイドンのオラトリオ〈天地創造〉の演奏》部分
(1808年作の写し、ウィーン、歴史博物館蔵)

ロマン派の音楽

　ロマン派の音楽(1820年頃から1900年頃)では、文学や美術、哲学などのロマン主義と関わって、感情の表現が重要視されました。歌曲や詩的な雰囲気に満ちた小品がたくさん生まれたほか、交響詩などの規模の大きな標題音楽(題名などを付けて、曲の内容を理解する手がかりとした器楽曲)もつくられました。また、大胆な転調も見られるようになります。
　市民社会の成熟にともない公開演奏会が盛んに開かれるようになり、リストをはじめ超絶技巧を操るヴィルトゥオーソ(名人演奏家)が現れて聴衆の人気を博しました。音楽の大衆化の時代が始

まったのです。
　19世紀後半には、東ヨーロッパや北ヨーロッパ、ロシアなどの作曲家たちにより、民族意識に根ざした音楽がつくられ、のちに国民楽派と呼ばれるようになりました。

ホーゼマン《ベルリンのコンサートにおけるリスト》
ブレングラス著『ベルリン、その案内と飲み物』（1842、ライプチヒ）の口絵。原書はベルリン、メルク博物館蔵

20世紀以降の音楽

　20世紀は、より広い観点から音楽を捉えるようになり、特徴的な様式が次々と生まれていった時代と言うことができるでしょう。

一人の作曲家がまったく異なる様式の作品を発表することも珍しくなくなります。

　ロマン派の作風を貫いて大編成の長大な交響曲を書き上げたマーラー、全音音階や平行5度・8度の和音などを用いて調性的な和声の使い方に縛られない作曲をしたドビュッシー、民俗音楽を再構成して作品に取り入れたバルトーク。調性音楽とは異なる方法で音楽を組み立てる十二音技法を考案したシェーンベルクや、複雑なリズムを駆使し、大胆に不協和音を用いたストラヴィンスキー。後者は、新古典主義と呼ばれる、17、18世紀の音楽に学んだ、調性に基づく明快な形式による作品も書きました。

　そして、第二次世界大戦後には、楽器音や現実音を録音して編集・加工したミュジック・コンクレートや、電子音響発生機器でつくる音を用いた電子音楽、限られた音を素材とした音型やリズム型（リズム・パターン）を反復するミニマル・ミュージックなど、多くの実験的な試みがなされます。音色の可能性を拡大する特殊奏法や、たくさんの音を2度以内の狭い音程で鳴らすトーン・クラスターの技法もさらに追究されました。ケージは、演奏時に偶然起こる要素を取り入れ、沈黙や周囲の雑音も作品の一部だとして、従来の音楽観に根本的な問いを投げかけました。他方で、調性に基づく音楽も引き続きつくられていきます。

　また、放送、レコード、映画など視聴覚メディアの発達にともない、いわゆる芸術音楽にもましてポピュラー音楽が世界的に隆

盛を迎えます。そして、20世紀末からインターネット配信が普及し、21世紀に入ると、歌声を合成できるボーカル・シンセサイザーが登場するなど、様々な動きが次々と起こっています。

バクスト《バレエ〈牧神の午後〉のプログラムのイラスト》（1912、パリ、オペラ座図書館蔵）。
音楽にドビュッシー《牧神の午後への前奏曲》が使われています。

クイズの答え
下から順番に、J. S. バッハ、モーツァルト、ベートーヴェン、メンデルスゾーン、チャイコフスキー、ラヴェル。

主要な楽譜と図表の索引

※見出しが付いていない楽譜は、その内容を示したあとに * を付けました。

五線と加線の読み方　18

大譜表　20

音部記号のいろいろ　20

音名　その1（幹音）　24

小節と縦線　30

音符の部分の呼び方　32

音符と休符　33

拍の分割 *　40

指揮法の例　46

完全系と長・短系　55

倍音列　60

音名　その2（派生音）　64

長音階　70

3種類の短音階　73

五度圏　84

主調　87

平行調　87

同主調（同名調）　87

ハ長調の属調　87

ハ長調の下属調　88

ハ長調から見た近親調　89

三和音の例　97

長三和音　98/121

短三和音　98/121

増三和音　98/121

減三和音　99/121

長七の和音　100/122

属七の和音　101/122

短七の和音　101/122

導七の和音　102/123

減七の和音　102/123

属九の和音　103

和音記号 *　104

和音の働き *　108

短三長七の和音　122

ハ長調の七の和音とそのコード
ネーム　124

ハ短調の七の和音とそのコード
ネーム　124

おわりに

楽典による音楽の探検を楽しんでいただけたでしょうか。

これまでの楽典の本は、音楽の構造を中心に説明してきたように思います。しかし、この本では、その構造を形づくっている各要素がどのような働きをして、様々な雰囲気を醸し出したり、イメージを呼び起こしたりしているのかを説明するように心がけました。もちろん、例外はたくさんあります。大切なのは、この本で身に付けた知識を活かして、皆さんが、身のまわりの曲や興味をもった音楽の中で、さらなる宝探しをすることだと考えています。

探検の途中で、分からない言葉に出合ったり、もっと詳しい情報がほしいと思ったりすることでしょう。そのときには、『新ジュニア音楽辞典』や『楽典 理論と実習』、『ポケット楽典』（いずれも音楽之友社）の中に、その答えを探してみてはいかがでしょうか。

楽典の知識が、あらゆる音楽活動の活力源となりますように。

この本を書くにあたり、いろいろな方々から貴重なご意見をいただきました。そのすべての皆様に心からの御礼を申し上げます。中でも、作曲家の三宅一徳様には、専門的な立場から用語の使われ方について教えていただきました。また、音楽之友社の藤川高志様には編集者としての豊富な経験から、山下隆之様には初修者の視点から、読み手が抱くであろう疑問についてご指摘いただきました。

著者紹介

山下薫子（やましたかおるこ）

東京藝術大学音楽学部教授。研究分野：音楽教育（初等科・中等科教育の音楽カリキュラム、レッスン研究など）。日本ダルクローズ音楽教育学会理事、全日本音楽教育研究会大学部会理事、読売教育賞選考委員、TBSこども音楽コンクール審査員、かながわ音楽コンクール審査員などを歴任。2008年には文部科学省『小学校学習指導要領解説―音楽編―』作成協力者、2017年には「学習指導要領等の改善に係る検討に必要な専門的作業等協力者（小学校音楽）」を務める。共同監修に『新ジュニア音楽辞典』（音楽之友社、2011年）、共著に高等学校芸術科音楽教科書（音楽之友社、2017年4月から使用開始）など。

ジュニア楽典（がくてん）

| 2018年7月5日 | 第1刷発行 |
| 2024年5月31日 | 第5刷発行 |

著者　山　下　薫　子（やました　かおるこ）

発行者　時　枝　　正

発行所　株式会社　音楽之友社

〒162-8716　東京都新宿区神楽坂6-30
電話　03-3235-2111(代)
振替　00170-4-196250
https://www.ongakunotomo.co.jp/

楽譜浄書：スタイルノート
組版・印刷：藤原印刷／製本：ブロケード
装画・本文イラスト：安佐 薫／ブックデザイン：渡辺美知子

© 2018 by Kaoruko Yamashita
日本音楽著作権協会(出)許諾第1804834-405号
Printed in Japan
ISBN978-4-276-10013-8　C1073

本書の全部または一部のコピー、スキャン、デジタル化等の無断複製は著作権法上での例外を除き禁じられています。また、購入者以外の代行業者等、第三者による本書のスキャンやデジタル化は、たとえ個人や家庭内での利用であっても著作権法上認められておりません。

落丁本・乱丁本はお取り替えいたします。